近代政治史系列

抗日战争史话

A Brief History of the Chinese Anti-Japanese War

荣维木 / 著

社会科学文献出版社
SOCIAL SCIENCES ACADEMIC PRESS (CHINA)

图书在版编目（CIP）数据

抗日战争史话/荣维木著. －北京：社会科学文献
出版社，2012.7（2014.8 重印）
（中国史话）
ISBN 978－7－5097－3507－7

Ⅰ.①抗…　Ⅱ.①荣…　Ⅲ.①抗日战争－史料
Ⅳ.①K265.06

中国版本图书馆 CIP 数据核字（2012）第 128291 号

"十二五"国家重点出版规划项目

中国史话·近代政治史系列

抗日战争史话

著　者／荣维木

出 版 人／谢寿光
出 版 者／社会科学文献出版社
地　　址／北京市西城区北三环中路甲 29 号院 3 号楼华龙大厦
邮政编码／100029

责任部门／人文分社　（010）59367215
电子信箱／renwen@ ssap. cn
责任编辑／吴　超
责任校对／白桂芹
责任印制／岳　阳

经　　销／社会科学文献出版社市场营销中心
　　　　　（010）59367081　59367089
读者服务／读者服务中心（010）59367028

印　　装／北京画中画印刷有限公司
开　　本／889mm×1194mm　1/32　印张／6.75
版　　次／2012 年 7 月第 1 版　　字数／132 千字
印　　次／2014 年 8 月第 2 次印刷
书　　号／ISBN 978－7－5097－3507－7
定　　价／15.00 元

总　序

中国是一个有着悠久文化历史的古老国度，从传说中的三皇五帝到中华人民共和国的建立，生活在这片土地上的人们从来都没有停止过探寻、创造的脚步。长沙马王堆出土的轻若烟雾、薄如蝉翼的素纱衣向世人昭示着古人在丝绸纺织、制作方面所达到的高度；敦煌莫高窟近五百个洞窟中的两千多尊彩塑雕像和大量的彩绘壁画又向世人显示了古人在雕塑和绘画方面所取得的成绩；还有青铜器、唐三彩、园林建筑、宫殿建筑，以及书法、诗歌、茶道、中医等物质与非物质文化遗产，它们无不向世人展示了中华五千年文化的灿烂与辉煌，展示了中国这一古老国度的魅力与绚烂。这是一份宝贵的遗产，值得我们每一位炎黄子孙珍视。

历史不会永远眷顾任何一个民族或一个国家，当世界进入近代之时，曾经一千多年雄踞世界发展高峰的古老中国，从巅峰跌落。1840 年鸦片战争的炮声打破了清帝国"天朝上国"的迷梦，从此中国沦为被列强宰割的羔羊。一个个不平等条约的签订，不仅使中国大量的白银外流，更使中国的领土一步步被列强侵占，国库亏空，民不聊生。东方古国曾经拥有的辉煌，也随着西方列强坚船利炮的轰击而烟消云散，中国一步步堕入了半殖民地的深渊。不甘屈服的中国人民也由此开始了救国救民、富国图强的抗争之路。从洋务运动到维新变法，从太平天国到辛亥革命，从五四运动到中国共产党领导的新民主主义革命，中国人民屡败屡战，终于认识到了"只有社会主义才能救中国，只有社会主义才能发展中国"这一道理。中国共产党领导中国人民推倒三座大山，建立了新中国，从此饱受屈辱与蹂躏的中国人民站起来了。古老的中国焕发出新的生机与活力，摆脱了任人宰割与欺侮的历史，屹立于世界民族之林。每一位中华儿女应当了解中华民族数千年的文明史，也应当牢记鸦片战争以来一百多年民族屈辱的历史。

当我们步入全球化大潮的 21 世纪，信息技术革命迅猛发展，地区之间的交流壁垒被互联网之类的新兴交流工具所打破，世界的多元性展示在世人面前。世界上任何一个区域都不可避免地存在着两种以上文化的交汇与碰撞，但不可否认的是，近些年来，随着市场经济的大潮，西方文化扑面而来，有些人唯西方为时尚，把民族的传统丢在一边。大批年轻人甚至比西方人还热衷于圣诞节、情人节与洋快餐，对我国各民族的重大节日以及中国历史的基本知识却茫然无知，这是中华民族实现复兴大业中的重大忧患。

中国之所以为中国，中华民族之所以历数千年而不分离，根基就在于五千年来一脉相传的中华文明。如果丢弃了千百年来一脉相承的文化，任凭外来文化随意浸染，很难设想13亿中国人到哪里去寻找民族向心力和凝聚力。在推进社会主义现代化、实现民族复兴的伟大事业中，大力弘扬优秀的中华民族文化和民族精神，弘扬中华文化的爱国主义传统和民族自尊意识，在建设中国特色社会主义的进程中，构建具有中国特色的文化价值体系，光大中华民族的优秀传统文化是一件任重而道远的事业。

当前，我国进入了经济体制深刻变革、社会结构深刻变动、利益格局深刻调整、思想观念深刻变化的新的历史时期。面对新的历史任务和来自各方的新挑战，全党和全国人民都需要学习和把握社会主义核心价值体系，进一步形成全社会共同的理想信念和道德规范，打牢全党全国各族人民团结奋斗的思想道德基础，形成全民族奋发向上的精神力量，这是我们建设社会主义和谐社会的思想保证。中国社会科学院作为国家社会科学研究的机构，有责任为此作出贡献。我们在编写出版《中华文明史话》与《百年中国史话》的基础上，组织院内外各研究领域的专家，融合近年来的最新研究，编辑出版大型历史知识系列丛书——《中国史话》，其目的就在于为广大人民群众尤其是青少年提供一套较为完整、准确地介绍中国历史和传统文化的普及类系列丛书，从而使生活在信息时代的人们尤其是青少年能够了解自己祖先的历史，在东西南北文化的交流中由知己到知彼，善于取人之长补己之短，在中国与世界各国愈来愈深的文化交融中，保持自己的本色与特色，将中华民族自强不息、厚德载物的精神永远发扬下去。

《中国史话》系列丛书首批计 200 种，每种 10 万字左右，主要从政治、经济、文化、军事、哲学、艺术、科技、饮食、服饰、交通、建筑等各个方面介绍了从古至今数千年来中华文明发展和变迁的历史。这些历史不仅展现了中华五千年文化的辉煌，展现了先民的智慧与创造精神，而且展现了中国人民的不屈与抗争精神。我们衷心地希望这套普及历史知识的丛书对广大人民群众进一步了解中华民族的优秀文化传统，增强民族自尊心和自豪感发挥应有的作用，鼓舞广大人民群众特别是新一代的劳动者和建设者在建设中国特色社会主义的道路上不断阔步前进，为我们祖国美好的未来贡献更大的力量。

陈奎元

2011 年 4 月

⊙荣维木

作者小传

　　荣维木，1952年出生于北京，现任中国社会科学院近代史研究所《抗日战争研究》执行主编，中国抗日战争史学会秘书长，中国口述史研究会副秘书长，中日历史共同研究中方委员。主要著作有《炮火下的觉醒——卢沟桥事变》、《李宗仁大传》、《日本教科书问题评析》（副主编、合著）、《东亚三国的近现代史》（合著）、《抗日战争热点问题聚焦》（主编、合著）《中华民族抗日战争史》（主编、合著）、《中华民族抗日战争全史》（主编、合著）等，发表论文多篇，其中《谁在制造谎言——评日本右翼的军国主义史观》获中宣部第八届"五个一工程"理论文章入选奖。

目 录

一 近代中日两国的
基本关系

清廷的没落与日本的崛起

中日两国是一衣带水的邻邦，早在隋唐时期就建立了密切关系。从徐福东渡的传说，到日本至今仍沿用的汉字，都说明中国曾经对日本发生过巨大影响。在华夷秩序影响下，中日两国的发展走向有着许多相似之处。这种情况一直延续到 19 世纪中叶。那时，欧美一些国家如英国、法国、荷兰、美国，基本完成了近代工业化历程，开始大规模向海外扩张，以寻求更多的殖民地原料市场与商品贸易市场。在这种情况下，同处东亚地区的中国和日本难免受到西方列强的威胁，维持两千年之久的华夷秩序必将解体。

1840 年，以鸦片战争为标志，英国的炮艇叩响了中国的大门。当时主政中国的清廷，未能抵挡英国的坚船利炮，战争以中国的失败告终。武器窳劣固然是中国失败的一个原因，但更为重要的是，一个开始走向没落的封建帝国，无论它如何努力，都难以抗拒新兴的资本主义主宰世界的潮流。1842 年，中英两国签订了不平等的《南京条约》，中国被迫割地、赔款、开放口岸。不久，美国、法国、比利时、瑞典等西方列强效仿英国，也先后威逼清政府签订了不平等条约，中国的国家主权和领土完整遭到破坏，自给自足的自然经济开始解体，逐渐成为西方列强的商品市场和原料供给地，中国开始沦为半殖民地半封建社会。

和中国一样，日本也很快遭到了西方列强的入侵。1853 年，美国海军准将佩里率领舰队，驶抵日本江户湾的浦贺港，通告日本幕府，要求日本开港通商。由于佩里率领的舰船是黑色的，该事件在日本被称为"黑船事件"。事件的结局与鸦片战争一样，日本幕府最终只能屈服。1854 年，日美签订了《和好条约》，通过这一条约，日本被迫开港，美国在日本享有最惠国待遇。此后，英、法、俄、荷等西方列强步美国后尘，逼迫日本政府与它们签订了一系列不平等条约。日本开始从一个独立自主的封建国家沦为半殖民地半封建社会。

然而，面临着相似的命运，当时的中日两国的统治者却采取了不同的应对方式，两国的命运也随之改变。

先说中国。中国是世界上封建制度形成最早且封建制度最完善的国家。在历史上，中国创造过许多人类文明，并以此导引过人类的进步。但是，也正是由于封建制度的完善，使得资本主义很难在它的内部成长。最终，鸦片战争中止了中国内部的资本主义萌芽。如何适应新的世界，对于一贯闭关锁国、以天朝自居的中国来说，是严重的考验。然而，尽管当时中国已经有了"睁开眼睛看世界"的先哲，但遗憾的是，主政中国的清王朝仍然抱残守缺，不肯从制度上革旧布新。在此状态下，以"师夷长技以制夷"为目的"洋务运动"，最终未能使得中国走上资本主义道路。从此，中国从一个拥有完整主权的封建国家，变成了半殖民地半封建国家。不断地割地赔款，不断地经济侵袭，使中国失去了往日的风采，成为任列强瓜分强食的俎肉。

再说日本。同样遭到列强侵略的日本，选择了与中国不同的应对之策。"黑船事件"对日本国内社会各界产生了巨大震动。与中国不同的是，面对列强的"船坚炮利"，日本并没有过多地考虑"师夷长技以制夷"，许多有识之士开始对西方何以会"船坚炮利"产生兴趣，并对照西方资本主义制度，开始探讨如何对日本进行改革。几乎与中国"洋务运动"同时，1868年明治天皇政府成立后，宣布废除幕府制，建立了以天皇为中心的新的中央政权。此后，明治政府开始对内政、外交、经济、教育等方面进行重大改革，逐渐走上资本主义道路。这就是日本近代史上的明治维新。此后，明治政府制订了富国强兵、殖产兴业、文明开化三大目标，而把"脱亚入欧"作为实现这些目标的基本国策。明治维新后，日本在短短的几十年内积累了前所未有的国力。但岛国的条件限制了日本的发展，于是，日本开始效仿西方列强，对外扩张的野心日益膨胀。

日本出兵台湾

清廷的没落与日本的崛起，预示着东亚华夷体系开始松动。但是，那时的中国在东亚毕竟仍具有广泛的影响，朝鲜、琉球仍向清廷朝贡。因此，为实现扩张的目的，日本首先要取得与中国平起平坐的地位。为此，日本派员来到中国，提出"通情好、结和亲"的建议。最初，日本企图效仿西方列强，向清廷提出"一体均沾"在华利益的要求，但遭到了中国的拒绝。最终，1871 年 9 月中日两国签订了《中日修好条规》和《中日通商章程》，在中国近代史上，这还算是平等条约。但时隔不久，日本即置条约于不顾，出兵中国领土台湾。

事情由琉球事件开始。琉球自古以来就同中国保持着朝贡关系。日本德川幕府时代，萨摩藩强迫琉球王国附属，于是琉球王国处在中、日两属的地位。1871 年 11 月 30 日，琉球两艘朝贡船驶往中国途中遭遇暴风，其中一艘船漂流到台湾西南海岸。船员登岸后与当地高山族发生冲突，结果有 54 人被高山族杀死，12 人逃生，进入凤山县受到清政府官员的保护。同年 12 月 11 日，又有两艘琉球朝贡船在前往中国途中遭遇飓风，其中一艘漂流到台湾，船上 45 名船员也受到凤山县衙的保护。翌年 2 月，清政府派员将两批琉球漂流民 57 人送到福州的琉球馆，使之安全返回琉球。琉球事件原本与日本无关，但日本以此为由出兵台湾。

1874 年 4 月 4 日，日本政府任命陆军中将西乡从道为台湾蕃地事务局都督，谷干城、赤松则良为参军，大隈重信为台湾蕃地事务局长官，另委任美国人李仙得为"台湾蕃地事务局准二等出仕"，随军出征台湾。从此项任命可以看出，日本当局从这时开始就俨然把中国的台湾当成了自己的属地。4 月中旬，日本集结 3600 名士兵乘坐 9 艘舰船出征，5 月 18 日开始向台湾发起攻击。高山族人民奋起反击，使日军步步受阻。

7 月中旬，日本驻华公使柳原前光在北京面见李鸿章。李指责日方置去年签署的条约于不顾；柳原则一味强调台湾"如无主之地"。9 月 6 日，大久保利通以日本驻中国全权大使名义与总理衙门谈判，提出日本出兵台湾是"义举"，要求清政府赔偿日方军费 200 万两白银。日本的要求遭到拒绝后，开始运动英、美、法等国公使出面转圜。此时，已有万余清军官兵在台湾登陆，舰船数量超过日军，且武器装备也不低于日军。但在英、美国公使的劝说下，清廷选择了妥协，一面电告登陆台湾的清军"勿遽开仗启衅"，一面同意赔偿日本白银 50 万两。结果，1874 年 10 月 31 日，中日双方在北京签订了《北京专条》和《会议凭单》，承认日本的侵略行径是"保民义举"；另规定中方支付琉球难民之家抚恤费 10 万两，支付日军道路、房屋修筑费 40 万两。

《北京专条》签字后，1875年，日本政府立即派兵进入琉球，命令琉球撤去设在福州的琉球馆，所有同中国的贸易往来均需通过在厦门的日本领事馆，禁止琉球向清廷朝贡和接受册封。1876年，日本又强行接收了琉球的司法权和警察权，琉球王国名存实亡。

琉球国王尚泰秘密派员赴福州乞求中国政府帮助复国。但清廷顾忌《北京专条》刚刚签订，不愿另生枝节，只求助外国公使斡旋。中国的软弱纵容了日本。1879年4月，日本在琉球设置冲绳县令，并宣布冲绳实行日本纪元。6月，琉球最后一代国王尚泰被迫迁住东京。虽然其后仍有中日之间"两分"、"三分琉球"的交涉，但最终没有改变日本吞并琉球的事实。

日本通过出兵台湾和吞并琉球，看出了清朝的软弱，从而助长了它的扩张野心，大陆政策应运而生。

3 日本的大陆政策

日本历来有武家文化的传统，早在11世纪日本就出现了武士阶层，即以从事战争为毕生职业的军人集团，国家政权及地方机构也操持在武家势力的手中。明治维新后，武家文化的传统不仅没有遏止或消除，反而随着西方列强瓜分世界浪潮的出现而蔓延，直接影响了日本的对外政策。另外，明治维新后日本走上了发展资本主义的道路，但受岛国地理的影响，日本缺少发展资本主义的原料市场、商品市场和资本市场。于是，在武家文化的支配下，向大陆扩张便成了日本的基本国策，矛头指向首先是离日本最近的大陆——朝鲜和中国东北。

1868 年 4 月 6 日，刚上台的明治天皇颁发的《五条誓文》和《宸翰》（天皇亲笔信）即宣示："经营天下，安抚汝等亿兆，欲开拓万里波涛，布国威于四方。"1868 年年末，木户孝允抛出了"征韩论"。他认为，"韩地之事乃皇国建立国体之处，推广今日宇内之条理故也。愚意如为东海生辉，应从此地始。倘一旦动起干戈，不必急于求成，大致规定年年入侵，得一地后，要好自确立今后策略，竭尽全力，不倦经营，不出二、三年，天地必将为之一变，万世不拔之皇基将愈益巩固矣"。① 1870 年，日本外务省也抛出《外务之三条紧急事务》，把解决朝鲜问题视做"实现经略之远谋"。这些设想很快就付诸了行动。

1875 年 9 月，日本海军云扬号舰秘密行驶到朝鲜江华海峡的月尾岛前海。9 月 19 日，井上良馨率领 20 几名士兵乘小艇沿盐河向朝鲜内陆深入，途经朝鲜的永宗、顶山等岛，窥测草芝镇炮台，寻找武装寻衅的机会。9 月 20 日，云扬号也溯汉江而上停泊在永宗城附近，井上下令同朝鲜炮台开炮，并登岸占领了朝鲜首都门户的永宗岛要塞，肆意杀戮城中百姓，掠走 36 门大炮及其他财物。

---

① 〔日〕井上清：《日本帝国主义的形成》，宿久高等译，人民出版社，1984，第 54 页。

"云扬舰事件"发生后，日本政府立即向海军发布准备对朝作战的紧急命令。但由于朝鲜与中国有朝贡关系，故日本先派员与中国交涉。1876年1月11日，日本派森有礼为特命全权公使，在北京与清政府交涉。森有礼谎称日船在驶往牛庄途经江华岛时遭到朝鲜岸上炮台袭击，日船被迫防卫。清政府担心日本万一用兵祸及东北，对于日本明显的侵略行为毫无微词，反而劝说朝鲜"忍耐小忿"，对日本"以礼接待"。清廷的软弱再次助长了日本的侵略气焰。1876年1月，日本派全权大使黑田清隆、副使井上馨率领7艘军舰、800余名士兵驶往朝鲜，2月4日到达江华岛。失去清廷庇护的朝鲜，在日本的压力下于2月27日，在江华府签订了不平等的《日朝修好条规》（又称江华条约）。然而，日本并没有满足，继续以军事施压为前奏，攫取在朝鲜的特殊权益。

江华条约签订后，朝鲜各地掀起了反对和抵御外来侵略的群众斗争。斗争波及朝鲜的旧式军队。1881年7月，朝鲜发生兵变。兵变士兵包围了日本公使馆，处决了日本军事顾问堀本礼造少尉，日本公使花房义质逃往仁川。消息传到日本，日本立即召开紧急内阁会议，会议最后决定出兵干涉，派驻朝公使花房义质率领两个中队先行，陆军少将高岛鞆之助、海军少将全礼景范率领舰队随后，另组成混成旅团集结在福冈待命。次年，通过日朝《济物浦条约》，日军进驻朝鲜。

在驻兵朝鲜的同时，日本也开始觊觎中国大陆。

1887年，日本参谋本部第二局长小川又次草拟了《征伐清国策案》。该案认为，中国兵员虽众但有名无实，应趁其弱势"折其四肢，伤其身，使其不得活动。并将中国分裂为数国，始得确保日本之独立"。该案主张以8个师团的兵力进攻中国，其中5个师团在山海关与滦河之间登陆，直趋北京。再以2个师团进攻长江要冲之地，阻止江南援军。

关于战争时间，该案认为要有5年的准备。这正与日本发动甲午战争的时间相吻合。

同年，日本海军部也制订了征伐中国的方案。该方案内容十分详尽，包括参加战斗的日军舰队编队和数量，各舰船的主攻方向、进攻目标、战斗目的、陆海军的配合作战、后勤保障，等等，从海战直至协助陆军进攻北京的全部战争过程都详列其中。日本对中国朝鲜和中国大陆的步步紧逼，说明作为国家战略的大陆政策逐渐酝酿成熟。

1890年，日本内阁大臣山县有朋发表《施政方针》，首次提出了"利益线"问题。他说，"盖国家独立自卫之道有二：一是守卫主权线，二是保护利益线。何谓主权线？国疆是也。何谓利益线？同我主权线之安危有紧密关系之区域也……方今立于列国之间，欲维持一国之独立，惟独守卫主权线，决非充分，亦必须保护其利益线"。"我方利益线之焦点在于朝鲜"。之后，山县还先后发表了《军事意见书》和《外交政略论》，公开鼓吹日本应该"领有朝鲜、满洲及俄国沿海州"。山县有朋的《军备意见书》和《施政方针》等得到帝国议会和内阁的认可，标志着日本大陆政策出笼。其后，日本对外扩张的每个步骤，如吞并朝鲜、侵占中国东北直至发动全面侵华战争，都是在大陆政策的指导下实施的。

4 甲午战争与台湾军民的抗日斗争

1894 年 2 月，因不满政府腐败、盘剥民众，朝鲜全罗道东学党领袖全琫准率众起义。为了镇压农民起义，李朝政府请求清廷急速派兵入朝。6 月 5 日，清帝下旨批准出兵。此前 6 月 2 日，日本召开紧急内阁会议，并通过了外相陆奥宗光的出兵朝鲜案。5 日，颁布了天皇敕令，组建入朝混成旅团。16 日，在未取得朝鲜政府同意的情况下，日本陆海军在仁川登陆完毕。

此时，朝鲜政府与东学起义军签订了《全州和约》，朝鲜内乱已经平息。于是中国提出中日两国同时撤军。但日本不予理睬，反而向汉城（今首尔）进军。7 月 12 日，日本内阁再次召开会议，最终确定了同中国开战的方针。

7 月 19 日和 7 月 20 日，大鸟公使照会朝鲜政府，强硬要求朝鲜为日本军队建设兵营，同时逼迫朝鲜发表废除中朝间一切约章的声明。7 月 23 日，日本军队突然包围了朝鲜王宫，拘禁了朝鲜国王和闵妃，抬出大院君"执政"，逼迫其起用亲日派官员。7 月 25 日，按照日本人的旨意，朝鲜亲日派政府宣布"独立"，脱离同中国的朝贡关系，废除以往同中国签订的条约，并授权日本驱逐在朝鲜的中国军队。就在这一天，日本海军在丰岛海面偷袭了中国的运兵船，"广乙"舰被击沉，"济远"舰负伤，中日甲午战争爆发。

在丰岛海战爆发的同一天，日军混成旅团3000余人在大岛少将率领下，兵分两路向清军的牙山驻地进犯，几天后占据了牙山。日本海陆军在同一天不宣而战，7月28日，清政府被迫宣布与日本决裂。8月1日，清帝下诏向日本宣战。同一天，明治天皇也颁发宣战诏书。

由于清廷的腐败无能，在朝鲜的清军仅一个月时间就遭到惨败。在陆战失利的同时，中国海军作战也极不顺利。北洋水师当时拥有千吨级以上的军舰10艘，另有南洋水师的军舰6艘，广东水师的军舰3艘，总计19艘战舰。就海军实力而言，并不逊于日本的海军。然而，中国海军纪律松弛，平素缺乏训练，更缺乏实战经验。加之备受朝廷大吏的掣肘，调度指挥失灵，行动盲目，结果贻误战机，遭受惨败。

9月17日，中日海军在黄海开战。虽然丁汝昌、邓世昌、林永升等指挥官及属下官兵英勇作战以致牺牲，但北洋水师最终损失5艘战舰，阵亡600余人，遭到失败。

黄海海战结束后，清廷开始筹划罢战求和，请西方列强出面斡旋。然而，日本人根本不接受"调停"，于10月向辽东进攻。11月初，金州、大连湾、旅顺等重镇相继沦陷。

日军攻占旅顺后，制造了骇人听闻的屠杀惨案。

大屠杀从 11 月 21 日开始到 11 月 25 日，持续了 5 天。有史料记述，一座两万多人口的旅顺城侥幸逃生者只有六七百人，① 大约有两万余无辜民众死在日本侵略军的屠刀之下。

甲午战争以中国的失败而告终。1895 年 4 月 17 日，清政府与日本签订了丧权辱国的《马关条约》。条约主要内容是：（1）中国放弃对朝鲜的宗主国地位；（2）中国将辽东半岛、台湾岛及所有附属各岛屿、澎湖列岛割让给日本（后因俄国、德国、法国的干涉，辽东半岛未割让，但中国要支付 3000 万两白银的赎金）；（3）中国"赔偿"日本军费白银 2 亿两；（4）开放沙市、重庆、苏州、杭州 4 地为通商口岸；（5）日本臣民可在中国通商口经营制造业，其产品免征杂税；（6）日本军队暂行占领威海卫，直至交清所有赔款。《马关条约》是继《南京条约》以来最严重的不平等条约。巨额赔款，加重了中国人民的负担，同时也加速了日本军国主义的发展。此后，中日两国侵略与被侵略的基本关系越来越清楚。

《马关条约》使中国失去了台湾，因此引发了强烈反应。在北京，康有为、梁启超等人联合参加会试的举子发表"上皇帝书"，力陈割地之危险，提出"变法成天下之治"的主张，这就是著名的"公车上书"。台湾民众也以罢市等行动抗议清政府割让台湾。为了保卫台湾，在丘逢甲的主持下，宣布成立"台湾民主共

---

① 另据关捷先生研究，逃生者大约有 800 人。

和国"而不受《马关条约》的制约，推举原台湾巡抚唐景崧为总统。5月，日本政府任命桦山资纪为台湾总督，率2万余兵向台湾进发。唐景崧很快逃回大陆，"台湾民主共和国"不复存在。此时，在中法战争中率领黑旗军大破法军而比时任台湾军务帮办的刘永福担起了抗日大任。另外，台湾民众在丘逢甲等人的组织下成立起各种形式的民军或义军，他们持原始的武器活跃在山区、乡村、海岛，与侵略军展开了不屈不挠的斗争。

从5月27日桦山资纪下令进攻台湾，到10月27日桦山宣布台湾岛"全部平定"，台湾军民坚持抗敌5个月。战争期间，日本除投入2个精锐师团外，另有海军舰队，近5万人马，另有2.6万随军夫役。在付出包括北白川宫能久亲王、山根信成少将旅团长在内的战、病死4624人的代价后才占据了台湾，这个数字比日军在甲午战争中死亡的人数多了近一倍。台湾军民在朝廷弃台、失去后援、孤军奋战的情况下，毅然决然地竖起抗日义旗，以低劣落后的原始武器与强敌周旋，开了中华民族抗击日本侵略的先声。此后，直至1945年台湾光复，台湾人民的抗日斗争一直没有间断，并且和祖国大陆的抗日战争融合一体。

二 九一八事变与中国的局部抵抗

柳条湖事件与东北沦陷

以甲午战争为标志，清王朝的腐朽已经到了无以挽救的地步。1911 年，中国爆发辛亥革命，延续了两千年的中国封建王朝制度被彻底摧毁。但是，在帝国主义环伺下，中国并未摆脱民族危机。1905 年，日本通过日俄战争，取得了在中国东北南满地区的权益。1915 年，日本又逼迫袁世凯政府签订了以灭亡中国的"二十一条"为基础的不平等条约。1927 年，日本召开东方会议，进一步提出了攫取满蒙的计划。1929 年，世界经济危机爆发，日本为了尽快摆脱困境，急于向中国扩张。这样，由关东军策划的柳条湖事件终于爆发。

从 1929 年开始，关东军陆续制订了《扭转国运的根本国策——满蒙问题解决案》、《关东军满蒙领有计划》、《对满蒙占领地区统治的研究》、《处理满蒙问题方案》等一系列以占领中国东北为目标的方案。1931

年，关东军利用万宝山事件和中村事件，终于发动了九一八事变。

　　1931年夏，关东军利用侨居在长春附近万宝山的朝鲜人与当地农民因租地挖渠引起的冲突，以保护朝鲜人为由，开枪镇压中国农民，打伤多人。日本事后反而颠倒事实，在朝鲜大肆宣传华人排斥朝鲜人，在朝鲜煽动了一场骇人的暴动排华事件。在事件中，在朝鲜的华侨死亡142人，受伤546人，失踪91人，财产损失413万元以上，逃难者达6000余人。

　　1931年6月，日本参谋本部派中村震太郎中尉，打着"考察农业"的旗号潜入兴安屯垦区一带，目的是"收集对苏决战方面以及兴安屯垦地区的作战资料"。[①] 因兴安屯垦区属于边境军事地区，东北长官公署早以照会各国领事馆，不准外国人进入。中村一行4人化装成中国人模样，从泰来出发沿绰尔河西进，沿途收集了当地的大量情报。25日，屯垦军第三团第三营官兵在驻地附近发现中村一行4人形迹可疑，遂将其带到团部审查，并从他们携带的物品中搜查出记录沿途中国军事、道路、矿藏等情报的笔记。由于间谍罪证确凿无疑，团长关玉衡遂下令将中村等人处死。事后，关东军司令部立即向国内发出所谓的"中村大尉被虐杀事件真相"。声称"绝不能漠视此次不祥事件"。在东北的日本满洲青年联盟、大雄峰会等右翼团

---

　　①　〔日〕片仓衷：《杀害中村震太郎的犯人》，《目击者谈满洲事变》，东京，新人物往来社，1989，第71页。

体还组成了"母国访问团",返回日本四处游说,叫嚣日本的"满蒙生命线"受到"威胁",煽动"武力解决论"。日本陆军省则鼓吹以此为契机,"坚定不移地推行大陆政策"。

终于,关东军迫不及待地发难了。1931年9月18日夜10时20分左右,位于东北军第七旅驻地北大营西南方向的柳条湖,一声爆炸揭开了日本侵吞中国东北的序幕。按着早已策划的部署,一小队日军在距沈阳不远的柳条湖秘密炸毁一小段铁轨,伪造东北军破坏南满铁路的现场。之后,关东军立即出动独立守备第二大队进攻北大营的中国军营,步兵第二十九联队攻击沈阳城,独立守备第五大队急速赶到沈阳支援。在日军向北大营发起攻击的当时,驻守北大营的东北军接到上级的指示是:"不准抵抗,把枪放到库房里,挺着死,大家成仁,为国牺牲!"[①] 但在日军的进攻下,东北军也做了有限的抵抗,直到第二次接到不准抵抗的命令才撤出战斗。结果,可以驻扎万余官兵的北大营轻易落于敌手。148人捐躯,186人负伤;26辆战车,112挺各式机枪,33门迫击炮、平射炮,1302支长短枪支,以及大批弹药都落于敌手。[②] 而日军仅付出战死2人、负伤23人的微弱代价。与此同时,日军第二十九联队从沈阳的满铁附属地向城内发起了进攻。地方军警也接到不准抵抗的命令,

① 吉林文史资料委员会:《吉林文史资料》第11辑,吉林文史资料研究委员会,1985,第6页。
② 陈觉等:《"九一八"后国难痛史》,辽宁教育出版社,1991,第44、45页。

把沈阳城轻易地让给了日本人。

沈阳城沦于敌手，大批公私财产也尽陷敌手。仅武器一项，中国国内最为先进的各式飞机262架，另有迫击炮、山炮、野炮等3091门、战车26辆、机枪5864挺，长短枪118206支以及大批弹药，都成为关东军的"战利品"。① 次日，营口、安东、凤凰城等重镇也被日军侵占。

与此同时，关东军第三旅团向吉林进犯。日军首先进犯二道沟，守军事先得到不抵抗命令，但也进行了有限度的抵抗，一时交火激烈，日军阵亡28人，但守军第二营官兵也损失惨重。中午时分，不抵抗命令再次传来，守军撤出战斗。在南岭，情况相同，日军阵亡38人，中国守军退出阵地。9月21日晚，关东军占领了吉林省城。

日军占领辽宁、吉林省会后，立即把进攻矛头指向黑龙江。但是，在嫩江桥遭到了中国守军的顽强抵抗。著名的江桥抗战，在时任黑龙江省代主席兼军事总指挥马占山的指挥下爆发了。

11月4日，日军组成以滨本喜三郎大佐为指挥的嫩江支队，在3列铁甲车、数十门大炮、5架飞机的掩护下向大兴阵地发起猛攻。在前线指挥的马占山当即下令还击。日军的进攻队形很快被击溃，伤亡100余人，其中战死者30余人。日军遭受重创，急忙增派步、炮兵5个大队，于11月6日拂晓卷土重来。在

---

① 陈觉等：《"九一八"后国难痛史》，第44～71页。

日军凶猛的炮火轰击下，黑龙江省军队的阵地几成平地。但中国守军官兵在敌人面前毫不畏惧，浴血厮杀，终于顶住了敌人凶猛的攻势。到了傍晚，马占山考虑官兵们鏖战 3 天，伤亡严重，遂下令撤至三间房防线。

11 月 11 日下午，日军先是出动骑兵 500 余人，在大炮的掩护下向三间房阵地猛扑。随即，大批日军在第十五旅团长天野、第三旅团长长谷部以及 2 个联队长铃木、森连的指挥下，兵分 3 路扑来，天上还有 10 余架飞机狂轰滥炸。马占山亲自到一线指挥，官兵们士气大振。到晚 8 时许，击退日军。直到 14 日，日军连续发动进攻均未奏效。

11 月 17 日夜，从朝鲜开来的日军第八混成旅团赶到战场，兵力大增。而马占山部却孤立无援，在官兵大量伤亡和弹药缺乏的情况下，马占山只好下令撤出战斗。日军遂占领黑龙江省会齐齐哈尔，江桥抗战结束。

江桥抗战是九一八事变后中国军队第一次有组织、大规模的抵抗日军侵略的战斗。虽然抵抗最终失利，却极大地鼓舞了全国人民的抗日士气。据日本统计，此役，日军共阵亡 167 人，伤 600 余人。① 江桥抗战的消息传到关内后，全国上下立时轰动起来。北京大学 600 余名学生停课去顺承王府请愿，要求张学

---

① 中国社会科学院近代史研究所：《日本侵华七十年史》，中国社会科学出版社，1992，第 331 页。

良出兵抗日、收复失地。上海各大学的师生也组织起请愿团督促政府出兵。杭州、广州、太原、济南、汉口、徐州、厦门、南昌等地的爱国师生、各界民众也积极行动起来，一些学生还自发组成"抗日援马团"，奔赴东北要求参加马占山队伍投身抗战。

然而，在以蒋介石为首的国民党政府执行"攘外必先安内"政策的情况下，日军继续扩大对东北的侵略。早在 10 月，关东军就不顾国际舆论的谴责而轰炸锦州。11 月 27 日，关东军开始进攻锦州。1932 年 1 月 3 日，锦州沦陷。至此，日军仅用了 4 个多月的时间，就占领了从黑龙江到山海关相当于日本国土面积 3 倍的 110 多万平方公里的中国领土，东北很快成为了日本的殖民地。

② 伪满洲国的成立与日本对 东北的殖民统治

九一八事变后，日本以武力侵占东北全境，继而于 1932 年 3 月 9 日扶持溥仪建立了"满洲国"。"满洲国"名为从中国分离出去的"独立国家"，而实际上完全是日本的傀儡政权，关东军是"满洲国"的最高统治者。关东军通过由日本人任总务长官的总务厅，控制了从中央到地方的实权，一切事务必须取得日籍官吏的同意。溥仪只是关东军操纵的工具。

伪满洲国成立的第二天，关东军司令官本庄繁即与"满洲国""执政"的溥仪以换文形式签订了《日满密约》，规定：（1）"满洲国"日后之国防及维持治安"委诸日本"，而经费由"满洲国"负担；（2）"铁路、港湾、水路、航空线等之管理并新路之布施"均委请日本及日本指定之机关；（3）日本军队"认为必要之各种设施"，"满洲国""竭力援助"；（4）日本人可任"参议"和"其他中央及地方各官署之官吏"，关东军司令官有"保荐"权、"解职"权；（5）以上各项在将来"两国"缔结正式条约时为"立约之根本"。半年后，以上述内容为基础的《日满议定书》正式签订，日本取得了在东北的一切既得权益，并拥有了驻兵权。9月15日，日本正式宣布承认"满洲国"。伪满洲国成立后，日本立即对东北采取了残酷的殖民统治。

首先，为了巩固殖民统治，关东军对东北各地抗日武装进行残酷镇压。关东军对东北抗日武装发动了多次"扫荡"作战，仅1935～1936年3月间的短短一年多时间内，东北抗日武装在日军残酷军事进攻下死伤者共有1.1万多人。日本发动全面侵华战争后，为巩固其在东北的殖民统治，更加紧了对抗联的镇压。1939～1942年，关东军在伪满洲国所属的间岛省、通化省和吉林、牡丹江省的部分地区，出动日伪军警7万多人，发动大规模的军事"扫荡"，使抗日联军遭受巨大损失，抗联著名将领杨靖宇将军在1940年3月的日军"扫荡"中英勇牺牲。关东军还在东北实行所谓的"治安肃正"，残酷屠杀无辜平民，制造了无数起血腥屠杀事件。1932年9月15日，日军在辽宁省抚顺市南部的平顶山村制造大屠杀事件，屠杀当地村民 3000 多人。为了切断抗日武装和人民的联系，从 1933 年起，关东军在东北建立"集团部落"，用刺刀威逼百姓离开家园，到日军指定的地区居住，实行归屯并户。到 1938 年，约共建立了 1.25 万个集团部落。在推行集团部落的过程中，日军实行血腥的三光政策，把民房全部烧光，不愿迁移的百姓统统杀光，财物抢光。1934～1936 年，仅通化县就被烧毁民房 1.4 万间，废弃耕地 33 万亩。

其次，日本实行"日满一体的计划经济"，对伪满产业进行大规模开发，疯狂地掠夺战略物资。日军占领东北后，首先攫取了东北的交通运输事业，抢占铁路，交给满洲铁道株式会社即满铁经营。同时，日军又掠夺了东北煤、铁等矿产资源的开采权和经营权，抢占阜新、北票等煤矿，交由满洲煤矿股份公司（即满煤）和满铁经办。满铁、满煤接手后，为了满足日本发动战争的需要，对东北矿产资源进行竭泽而渔式的开发，大肆开采矿山，掠夺石油、煤炭、钢铁及其他战略资源。在金融方面，日本侵略者强占东三省官银号和中国、交通、边业银行等金融机构，成立由日本人控制的满洲中央银行、满洲兴业银行，控制东北的金融系统，通过发行伪钞、公债，强制储蓄和通货膨胀等手段筹措战争经费。此外，日本大肆移民东北，强占土地，掠夺粮棉油等农产资源。1932～1934 年，日本先后组织了 5 次移民，把日本人迁移到东北定居、垦殖。1936 年，关东军司令部又通过了《满洲农业移民百万户移住计划案》，计划从 1937 年起的 20 年内移民百万户。东北的数十万农民的土地被日本移民强行"收购"或掠夺，广大农民失去土地，沦为日本移民的佃户，饱受着日本移民的剥削，更多的农民被迫离开家园，流离失所。还有一些失去土地的农民，被迫到煤矿做矿工，这些矿工遭受奴隶般的非人待遇，多数死在矿井之中。

再次，日本在东北推行奴化教育政策。伪满洲国成立后，关东军在东北建立了在其直接领导下的"协和会"，通过该组织对中国人民进行奴化教育。日本占领东北地区后，封闭原有的公立学校，组建由日本人掌管的"日满学校"，并规定私立学校也必须接受日本人的严密监督。原有的教学内容与教材全部被废止。1932 年 6 月，日伪当局又强令各学校"废止三民主义、党义及其他与新国家建国精神相反之教科书或教材"。许多教材和书籍被焚毁。同时重新编写教材，向当地学生宣扬"日满一体"、"同文同种"、"王道乐土"以及"忠君爱国"等殖民统治思想与封建道德观念。殖民当局还禁止对中国学生讲授中国历史，并强制推行日语教学，许多教材完全用日语印制。殖民统治者还强迫中国学生每天向日本天皇遥拜，诵读天皇诏书，企图以此养成中国学生对天皇的忠诚。另外，日本人还对学校内中国师生的思想活动进行严密监视，对教员实行严密的"思想检定"，并在各个学校中安插特务，控制中国师生思想。

3　东北人民的抗日武装斗争

九一八事变后，虽然蒋介石国民党实行"攘外必先安内"的政策，但在东北的许多爱国军民自发地展开了抗日武装斗争。这些抗日武装被称为抗日义勇军。

在辽宁省，九一八事变后不久，即出现了由原辽宁省政府警务处长黄显声发起成立的以各县民团和公安部队为基础的义勇军，至1942年，兵力发展到20万人左右。辽宁义勇军自成立始，就开展了抵抗日本帝国主义侵略的斗争。

在辽西，从1931年12月到次年1月，张海天、项青山等部义勇军3000余人在锦州外围与日军英勇作战，取得了辉煌战绩。

在辽南，1932年12月初，李纯华、邓铁梅、苗可秀率领义勇军组织了关门山会战，击毙日军80余人，俘获30余名，获步枪700余支、机枪8挺、迫击炮2门、山炮2门、辎重汽车14辆、无线电台1部。

在辽东，1932年春成立了以唐聚五为首的"辽东民众自卫军"，在桓仁、通化、宽甸、辑安、临江、长白、抚松、安图、金川、辉南、柳河、新宾、岫岩、庄河14县展开抗日活动。

在吉林省，义勇军主要由救国军和自卫军两支队伍组成，其成员主要为原东北军的爱国官兵，大刀会、红枪会的会众。

1932 年 2 月，东北军第二十七旅第六七七团第三营营长王德林联络爱国官兵和抗日群众在敦化县成立"东北国民救国军"，王德林任总指挥，孔宪荣任副总指挥，吴义成为前方司令。中共党员李延禄到救国军中开展抗日工作。救国军成立后立即投入到抗日斗争，直到 1933 年初，救国军在优势日军的进攻下被迫进入苏联境内。

在救国军展开抗日斗争的同时，原吉林副司令长官公署卫队团团长冯占海和东北军依兰镇守使兼第二十四旅旅长李杜率部成立抗日自卫军起义。自卫军成立后即与日伪军展开了激战。直到 1933 年 1 月，在日军重兵围攻下进入苏联境内。

吉林的抗日义勇军，还有吉西的李海青、蛟河的田霖、珲春的王玉振等抗日武装。义勇军坚持抗日斗争一直到七七事变的爆发。此后，其中很多部队参加了中国共产党领导的东北抗日联军。

在黑龙江，1931 年 11 月在江桥抗战后马占山率部自齐齐哈尔撤至拜泉、克山一带，重新组织队伍坚持抗日。同时，在拜泉的朴炳珊和在海拉尔的苏炳文联名通电起义，成立东北民众救国军，苏炳文任总司令。马占山和苏炳文率义勇军英勇作战，最终在敌强我弱、孤立无援、牺牲重大的情况下，义勇军部分进入苏联、部分转进热河开鲁地区坚持抗日。

从九一八事变起到 1933 年的两年多时间里，东北抗日义勇军发展到 30 万人，对日伪军进行了大小约 3000 次的战斗，给日伪军以重大打击。但是，由于以蒋介石为首的国民党采取了"攘外必先安内"的政策，使东北抗日义勇军未能得到援助，陷入孤军作战的境地，最终未能完成驱除侵略者的愿望。虽然大规模的武装斗争失败了，但仍有部分义勇军接受了中国共产党的领导，编成东北民主联军的一部分，坚持战斗直到日本投降。

继义勇军之后，中国共产党领导的抗日联军在东北继续进行抗日斗争。

1933 年，在中共满洲省委的领导下，已先后建立起十几支抗日游击队。1936 年，中共驻共产国际代表团提出了《为建立全东北抗日联军总司令部决议草案》，指示东北各抗日武装将人民革命军统一改编为东北抗日联军。东北抗日联军活动在 70 余县，发展到 11 个军，最盛时达 3 万余人。

在南满地区，抗联主力是杨靖宇为军长的第一军和王德泰为军长的第二军。1936 年 6 月末，为了打通抗日联军与关内的联系，第一军决定西征。西征虽然没有成功。但是，此次大规模的军事行动牵制了敌人的兵力，主动打击了敌人，扩大了抗日联军的影响。与此同时，抗联第二军在抚松、长白、安图等地展开武装斗争，不断打击日军。

东北抗日联军不停顿地打击敌人，严重动摇了日伪当局的殖民统治秩序。为了彻底消灭抗日力量，日本当局不断向东北增兵，从 4 个师团增加到 8 个师团。在缺衣少食、械弹两亏、终日不得温饱的艰难困苦环境下，东北抗日联军的广大指战员仍然没有屈服，继续与敌人坚持不妥协的战斗。1940年2月23日，杨靖宇壮烈牺牲。1941年初，南满抗联余部200余人辗转进入苏联境内。

在北满地区，先后有抗日联军第三、四、五、六、七、八、九、十、十一军近2万将士展开了抗日武装斗争。

赵尚志率领的抗联第三军活跃在哈尔滨以北松花江中下游地区。李延禄率领的抗联第四军活跃在密山、勃利、宝清等松花江下游两岸地区。周保中率领的抗联第五军活跃在吉东地区。夏云杰率领的抗联第六军活跃在汤原地区。陈荣久率领的抗联第七军活跃在乌苏里江沿岸和完达山区。谢文东率领的第八军活跃在勃利、依兰和方正一带。李华堂率领的抗联第九军活跃在黑嫩平原。汪亚臣率领的抗联第十军活跃在舒兰、五常地区。祁明山率领的抗联第十一军活跃在桦川、依兰、方正、汤原地区。上述抗联各军虽然人数多寡不均，但在战斗中均给日军以沉重打击。其中，包括军长在内的许多官兵在战斗中英勇牺牲，留下了可歌可泣的英雄事迹。如在抗联西征战役中，宁死不做俘虏的8名女战士在乌斯浑河投水殉国，其中年龄最小的王惠民仅13岁。

1942年后，随着日军在东北地区殖民统治的强化，东北抗日联军的生存条件变得更加恶劣，遭到重大牺牲，除小部分部队留在东北分散作战外，所余1500余人进入苏联整训。1945年，在苏联的抗日联军随同苏联红军，率先进行了收复东北的战斗。东北抗日联军在极其艰苦的环境下，坚持对日斗争，以鲜血和生命谱写了中华民族不屈强虏的英雄赞歌，他们的业绩永垂不朽。

4 全国抗日救亡运动的兴起与局部抵抗

日本侵占中国东北后，国民政府继续推行"攘外必先安内"政策，把主要军事力量放到围剿江西红军和对付反蒋派系身上，希图在最短的时间内武力统一中国，树立和巩固蒋氏独裁政权。因此，他们对帝国主义主宰的国联寄予极大希望，盼望西方大国出面对日本施压，幻想三国干涉还辽的旧梦重演。然而，国联根本无力约束日本，虽然做出几项不痛不痒的决议，但没有阻止日本对中国的扩大侵略。

国民政府的对日妥协，激发了中国民族主义运动的昂扬，尤其是在上海、北平等大城市，各界民众、工人、知识分子纷纷走上街头，抨击国民政府的倒行逆施，呼吁政府停止内战、领导抗日。受全国抗日救亡运动的影响，国民政府也进行了有限度的抗日。

侵占东北后，1932 年 1 月 28 日，日本海军陆战队又在上海挑起事端，不宣而战，向闸北中国驻军发起了进攻，驻守淞沪地区的国民革命军第十九路军，在总指挥蒋光鼐和军长蔡廷锴的指挥下奋起反击，"一·二八"淞沪抗战打响。

当天夜里，日军在炮火的掩护下，以 20 多辆装甲车开路，向闸北区的宝山路、虬江路、广东路、宝兴路、横滨路、天通庵路、青云路一线发起攻击。中国军队顽强阻击，打退了敌人的多次进攻。

2月10日，国民政府增派第五军由张治中率领，参加淞沪会战，使中国军队作战人数达到5万余人。与此同时，日军也派遣2个师团增援，在上海的兵力达到7万余人，并且在装备上优于中国军队。

3月1日晨，日军对淞沪地区发起总攻，日军先以飞机、大炮猛轰了3个半小时，然后，日军第九师团、第二十四混成旅团以及海军陆战队在坦克、装甲车掩护下向江湾、庙行以及闸北八字桥一线发起猛烈攻势。各路守军在凶猛的敌人火力下仍然坚持战斗。直至3月3日，日军占领真如、南翔后宣布停战，淞沪战役结束。是役，第十九路军和第五军阵亡官兵4270人，负伤9830人。另外，在日军的狂轰滥炸之下，有6080名市民死于非命，2000余人负伤，失踪1.04万人，财产损失达16亿元。另外，中国规模最大、历史最悠久的出版机构商务印书馆被全部焚毁，东方图书馆收藏的数百万册书籍资料，包括涵芬楼所藏的10万多册宋、元版珍贵图书以及清乾隆年间编写的四库全书，均被焚毁或被日军掠走。[①] 据日方记载，日军侵犯淞沪地区总计阵亡官兵769人、负伤2322人。5月5日，在国联代表团以及西方大国公使的斡旋下，中日签署

---

① 军事科学院军事历史研究部：《中国抗日战争史》上卷，解放军出版社，2005，第202页。

《上海停战协定》，虽然日本停止了对上海进攻，但其势力得到扩张。

淞沪抗战历时 33 天，第十九路军和第五军官兵以英勇顽强的大无畏精神，激发了中国各族人民的抗日热情，全国掀起了又一轮各民族、各阶层、各派别的抗日救亡运动的热潮。

"一·二八"淞沪抗战之后，国民政府调整了对日方针，从完全不抵抗转变为有组织、有限度的抵抗，热河抗战和长城抗战就是在这样的背景下爆发的。

1933 年 1 月 1 日，日军突袭山海关，3 日占领了山海关。国民政府要求张学良加强热河防务，并派代理行政院长兼财政部长宋子文前往督促。1933 年 2 月下旬，日军兵分南、北、中三路向热河大举进犯。孙殿英奉张学良之命率第四十一军由山西驰援热河。3 月 1 日，日军出动飞机轰炸赤峰，然后发起地面进攻。冯占海、唐聚五部义军配合孙殿英军在赤峰城内外与敌展开一场殊死厮杀。战至 26 日，孙殿英部和其他义勇军余部撤出战斗，热河北部大部分沦陷。此役，孙殿英部阵亡军官 45 人、士兵 1823 人，负伤军官 24 人、士兵 1537 人。①

防守南线的万福麟部的 6 个步兵师（原是旅建制），也于 2 月 27 日在沙帽山与日军激战。战至 3 月 4 日，热河的南部也落于敌手。而守卫热河省会的汤玉

① 邓一民等：《长城抗战史》，东北师范大学出版社，1999，第101 页。

麟根本未做抵抗，致使日军仅以 128 名骑兵，于 3 月 4 日轻取承德。

热河沦陷，日军兵逼长城一线，平津危急，华北危急，全国上下一片震惊，谴责当局的声音此起彼伏。南京政府也意识到局势的严峻，除组织东北军和原西北军的宋哲元、庞炳勋、商震等部参战外，还抽调了 3 个中央师北上。

3 月初，日军分别向长城沿线的古北口、喜峰口和冷口发起攻击，中国守军奋起抵抗，长城抗战打响。

在古北口一线，守卫在这里的是东北军第六十七军一一二师、一一〇师及中央军的第二十五师。战斗从 3 月 5 日开始，至 12 日结束，中国军队打退日军的多次进攻，最后因未能抵挡住日军的飞机大炮，古北口失守。在喜峰口一线，守卫在这里的是华北第三军团所辖的 6 个师 10 个旅。战斗从 3 月 9 日开始，至 4 月 11 日结束。在这里，日军遭到了中国守军的顽强抵抗，虽然最终防线被日军突破，但仍然显示出中国抵抗侵略的决心。特别是第二十九军的大刀队夜袭日军阵地，狠狠地打击了侵略者，获得全国人民的赞扬。在冷口一线，守卫在这里的是守军商震的第三十二军。战斗从 3 月 6 日开始，至 4 月 11 日结束，虽然未能阻挡住敌人的进攻，但也给日军以沉重打击。长城抗战除了在喜峰口、古北口、冷口与敌鏖战外，战场还在南天门、八道楼子、兴隆、新开岭、石匣、酒河桥、南北团汀以及滦东、察东各地展开，中国军人不畏强虏，奋勇作战，使敌人每前进一步都付出血的代价，以鲜血和生命维护了中华民族的尊严，向全世界宣告中国人民是不可征服的。

长城抗战是九一八事变后中国政府组织的一次最大规模的抗战活动。然而，在"攘外必先安内"的总政策下，蒋介石仍然把主要精力放在"剿共"方面。5月31日，中日在塘沽签订了《塘沽协定》。此协定虽然暂时制止了日军向华北的进犯，但国民政府被迫放弃了河北19个县、2个设治局，近4万多平方公里的中国领土的治理权，使日本侵略势力渗透到了华北。

《塘沽协定》签订之前，日军就开始觊觎察哈尔省。1933年5月24日，盘踞在多伦的日伪军南侵，沽源守军因无人负责指挥，纷纷后撤，日伪军轻易占领了沽源，察省形势顿现危急。为了抗击日军，5月26日，冯玉祥组建察哈尔民众抗日同盟军。并发表了抗日通电。从6月开始，抗日同盟军即与日伪军展开了战斗。至7月，在连续取得胜利后，抗日同盟军决定攻打日伪盘踞的多伦。从7至12日，经过激烈的战斗，抗日同盟军共毙伤日伪军1000余人，收复了多伦。

抗日同盟军虽然取得了胜利，但国民党中央以干扰中日关系总方针的名义，迫使抗日同盟军解散。之后，察北地区空虚，使日伪有了可乘之机。1936年1月，汉奸李守信在日本人支持下，同苏尼特右旗王公德穆楚克栋鲁普勾结，成立"蒙古军司令部"和"蒙古军政府"，公然宣布脱离中国政府的节制。为了粉碎日伪阴谋，绥远省主席兼国民革命军第三十五军军长傅作义率部发起了绥远抗战。

　　绥远抗战从 1936 年 11 月 15 日开始，到 12 月 19 日结束。整个抗战又分为红格尔图战斗、百灵庙战斗和锡拉木楞庙战斗。

　　11 月 15 日，汉奸王英纠集 5000 余人向红格尔图进犯，日军 7 架飞机也开始向中国守军阵地投弹。傅作义亲自到前线指挥战斗，战至 18 日，日伪军无功而返，中国军队毙敌 1000 余人，俘虏 300 余人，其中有电台台长日本人八牟礼吉和日本人雇员松村利雄。傅作义决定乘势收复日伪盘踞的百灵庙。23 日晚，百灵庙战斗打响。激战至 24 日上午，中国军队收复了百灵庙。此役击毙日伪军 300 余人，其中日本军 20 余人，击伤 600 余人，俘虏 300 余人。

　　百灵庙大捷，振奋了全国人民。中共中央和中华苏维埃中央政府发表了坚决支持绥远抗战的通电，并号召全国人民支援晋绥前线。国民政府外交当局也正式发表声明，指出"此次蒙伪匪军大举犯绥，政府负有保卫疆土、戡乱安民之责。不论其背景作用为如何，自应予以痛剿。此为任何主权国家应有之行为，第三国无得而非议"。[①] 其后不久，中国军队又成功地收复了锡拉木楞庙等地，基本肃清了绥远境内的日伪军，历时 5 个多月的绥远抗战，以中国军队的胜利结束。

---

　　①　樊真：《抗日战争中的傅作义》，山西人民出版社，1985，第 83 页。

三　中国的抗战准备与西安事变

1 国民政府对日政策的转换

《塘沽协定》签订后，日本侵略者又逼迫国民政府和地方军队签订了《何梅协定》和《秦土协定》，侵略势力向华北渗透。面对侵略者的肆无忌惮，全国各阶层人民掀起了更加猛烈的抗日救亡运动。国民党集团内部敦促当局抗战的呼声也日甚一日。在这种情势之下，国民政府的对日政策发生了一系列转变。1936年7月，蒋介石在国民党第五届二中全会上做了"最后关头"的讲话。他说："中央对外所抱的最低限度，就是保持领土主权的完整。任何国家要来侵扰我们的领土主权，我们绝对不能容忍，我们绝对不能容忍任何侵害我们领土主权的事实。再明白一点说，假如有人真要强迫我们承认伪'满洲'国等损害领土主权的时候，这是第一点。其次，从去年11月全国代表大会以后，我们如遇有领土主权再被人侵害，如果用尽政治外交方法而仍不能排除这个侵害，就是危害到我们民族之根本的生存。这就是为我们不能容忍的时候。到这时候，我们一定作最后之牺牲。所谓最低限度，就是如此。"① 蒋介石的这番讲话，标志着中国政府对日政策的转变。这种政策的转变主要反映在以下方面。

首先，国民党内部调节了派系纷争。1935 年 11 月，国民党召开了第五次全国代表大会。会前，蒋介石致电冯玉祥，邀请他出席会议。另外，蒋介石还亲自飞到太原访问阎锡山，请其参加代表大会。作为国民政府的最高领导人对中原大战时的死对头摆出了竭诚礼贤的姿态，尚属首次。除阎锡山、冯玉祥外，李宗仁、陈济棠、白崇禧等著名反蒋派人士也被邀请出席此次会议，9 名中央执行委员会常务委员中，当年的反蒋派大员胡汉民、汪精卫、冯玉祥、邹鲁等名列其中，还推举胡汉民和汪精卫分别为常务委员会主席和中央政治委员会主席，又任命冯玉祥、阎锡山为军事委员会副委员长，程潜为总参谋长。至 1936 年 9 月，以抗日反蒋为口号的两广事变，最终得以和平解决，标志着国民党内部的武力纷争结束。所谓的"安内"，除了针对中共之外，已经向着共同"攘外"的方向转变。

其次，对共产党的态度发生了变化。九一八事变后，国民党政策的重要内容是武力"剿共"。虽然两广

---

① 周天度等：《中华民国史》第三编第二卷（上），中华书局，2002，第 4465 页。

事变和平解决后，国民党仍然重兵包围红军，但在此之前，也开始了和平解决国共矛盾的尝试。1935年，共产国际指示中国共产党建立抗日民族统一战线。同年年末，宋子文、宋庆龄选派与其有私谊的中共地下党员董健吾赴陕北与中共中央联络，转达南京方面有意同中共谈判的信息，获得中共中央的首肯，董携带中共中央的谈判条件返回复命。1936年，红军东征回师宣言，明确提出愿与国民党合作抗日。同年，蒋介石派驻苏武官邓文仪在莫斯科先后同中共代表团的潘汉年和王明会晤，就有关国共第二次合作事宜交换了意见。此后，中共代表潘汉年与国民党代表陈立夫先后在上海和南京多次晤面，双方就共同抗日事宜进行了一系列的谈判。虽然谈判没有取得结果，但在共同抗日的前提下，第一次国共合作破裂以来两党十余年的对立开始松动。

再次，以筹备抗日为中心的外交调整。日本发动九一八事变霸占中国东北，也侵犯了西方大国在中国的权益，引起西方国家的"震惊"和关注。1932年1月7日，美国国务卿史汀生发表声明指出，"中华民国1931年9月18日前在满洲之最后行政当局，已遭破坏……美国于事实上或法理上，均不承认任何事态为合法"。① 美国的"不承认主义"无疑是对日本侵略政策的"棒喝"，虽然没有震慑日本的侵略野心，却越发

---

① 赵东辉等编《九一八全史》第一卷，辽海出版社，2001，第419页。

加剧了日本同西方国家的矛盾。国民政府早已意识到西方国家同日本之间的矛盾，所以暂缓推行限制或取消西方国家在华特权的"革命外交"，以争取西方国家的同情和支持。国民政府有意起用亲英美派官员，且在敦促国联插手日本侵略事端的同时，频繁同西方国家接触，争取获得国际道义、舆论和经济方面的援助。九一八事变后，苏联《真理报》虽然发表评论抨击日本的侵略行径"为不合法，更非为自卫而出兵"，[①] 但在具体行动中采取了"严正的不干涉政策"。[②] 然而，日本占据了东北，毕竟对苏联远东地区构成威胁，因此苏联也急于修复 1929 年因中东路事件破裂的中苏关系。国民政府以争取苏联援华制日为目的，也开始了与苏联的外交活动。1932 年 12 月，中苏之间正式恢复外交关系，双方互派大使。除了争取苏联经济援助和军事援助外，国民政府之所以重视同苏联的交往，也包含了通过苏联解决与中共之间问题的动机。

中国的抗日军事准备

1932 年，在国民党第四届二中全会上，为统一调度指挥陆、海、空三军，将三军总司令部改为军事委员会，行政院长、总参谋长、军政部长、海军部长、

---

① 《俄国对日深表不满》（莫斯科 25 日电），1931 年 9 月 27 日《北平晨报》。

② 〔日〕西春彦监修：《日本外交史》第 15 卷，东京，鹿岛和平研究所，1970，第 128 页。

训练总监、军参院长为当然委员，蒋介石为委员长。1936 年 7 月，国民党第五届二中全会又决议成立"国防会议"，由军事委员会委员长任议长、行政院长为副议长，成员由各军事机关长、行政院各部长组成，作为国防事务的决策机关，并制定了《国防会议条例》，规定"国防会议"负责制定国防方针、处置国防紧急事态、战时组织以及国家总动员等事宜。会议还决定蒋介石担任国防会议议长，阎锡山、冯玉祥等 32 人为委员。1937 年 3 月，国民党中央执行委员会和中央政治委员会又决定成立国防委员会。这样，在七七事变爆发前，中国政府已经组建了中央集权的国防决策和国防指导机关，规定了具体的职能，对于应付突然事变，统一调度和指挥中国各军事力量提供了保证。

在组建中央一级国防机构的同时，对各兵种、各地方军事机构也进行了整编和建设。为此，国民政府早在 1935 年 3 月，就在武昌成立了陆军整理处。1936年正式开始了整编计划，到 1936 年底，共整编了 20 个师，并计划 2 年后每年各调整 20 个师，总计 60 个师，作为国军的基干。另外，还整理了 60 个师的预备队，称"整理师"，到 1937 年 7 月，已整理了 85 个师、9 个独立旅，另有适合调整编制、但未来得及补充的 5 个师。

1934 年国民政府将航空署改组成航空委员会，由蒋介石任委员长，编成驱逐、侦察、轰炸 8 个中队。1936 年又扩充到 9 个大队，计有各式飞机 314 架，飞机场262处，飞机修理厂6处。1937年5月，又将全国划分成6个空军区，并在南京、南昌成立起第一、第三空军司令部。

海军建设由于经费等各方面的原因，进度不理想。1934年，海军部曾制订了一个为期5年造舰艇50艘的计划，但未能实现。1937年上半年，中国计有新旧舰船66艘，最大排水量为3000吨，最小为300吨，总排水量为59034吨。

在国防机构的指导和组织下，国民政府先后多次制定了《防卫计划》。在《1935年度防卫计划大纲》中，将全国划分成三道防线：第一道防线为察冀晋绥区、山东区、江浙区、福建区和粤桂区；第二道防线为察冀区、山东区、河南区、安徽区、江西区、湖北区、四川区以及云南区；第三道防线是晋绥区、山东区、甘肃区、陕西区、湖北区、四川区和云南区。大纲还拟定了甲、乙两案的抗日作战战略方针。

1936年，大纲又作了调整，将全国划分成四个不同区域，分别为抗战区、警备区、绥靖区和预备区。并分设冀察、晋绥、山东、江浙、福建、粤桂6个国防军总指挥部，另由陕、甘、川、鄂、湘、赣、云、贵8个省组成预备军总指挥部。

1936年底，国民政府出台《1937年度国防作战计划》，分为甲、乙两个方案。这一方案便是七七事变爆发后中国政府基本实施的作战方案。事后证明，该方案在预测日军行动、我军防御策略、退避方案等方面都有相当的预见性和可行性，在全面抗战中发挥了应有的作用。

从 1936 年春开始，全国各地的国防工事工程也正式纳入日程。大体分为沿海地区和内陆地区，计有 10 个区，在预想将来可能与日军发生战斗的战场构筑了各种工事，并将这些工事划分成若干道防线。到 1937 年上半年，第一期国防工事基本完成，其中较大规模的有淞沪、吴福、锡澄、乍平嘉、乍澉甬、宁镇、鲁南、豫北、豫东、沧保、德石、娘子关、雁门关以及长城阵地等，这些阵地在后来的抗战中都发挥了不应低估的作用。

南京国民政府成立初期，兵役制度并不完备，基本实行募兵制。1933 年 6 月，国民政府颁布了《兵役法》，规定先在首都地区实行国民军训，由训练总监部组织国民进行军事训练，以提高国民的军事素质，但征兵制度并未真正的实行。1935 年 11 月，鉴于日本的咄咄逼人之势，国民党第五次全国代表大会通过了《请改良兵役制度、实行征兵案》和《应速行全国征兵案》。1936 年 3 月 1 日，国民政府正式颁布了《兵役法》，同年 9 月，首先在苏、浙、皖、赣、鄂等 6 省开始试行征兵。为此，国民政府在上述 6 省分别设立了兵役管区司令部，并设立了 12 个师管区，每个师管区下设 4 个团管区。到 1937 年，又新增加了 13 个师管区，团管区的数量也增加到 56 个。未设立师管区的地方也设立了师管区筹备处，具体负责征兵动员、计划实施、组织发动等具体工作。在整个抗战期间，中国政府依据《兵役法》共征兵 1400 多万人，[①] 对赢得抗日战争的最后胜利发挥了重大作用。

3 中国的抗日经济准备

为了筹备抵抗日本侵略的经济实力，国民政府在以下方面做了努力并取得了效果。

首先，在金融方面完成币制改革。国民政府成立当初，实行银本位金融体制，随着西方世界经济危机的冲击，各资本主义国家强化了掠夺中国资源的步伐，造成中国白银大量外流。为了进行币制改革，1935 年 11 月 3 日，国民政府财政部颁布了《币制改革紧急令》，规定以中央、中国和交通三家银行（后又增加中国农民银行）发行的钞票为法币，1 法币等于英镑的 1 先令 2 便士半，与美元的汇率为 100∶30。其他银行禁止发行，各种货币限期到指定银行兑换，今后禁止白银或其他货币流行。法币代替银圆，使中国的货币趋于相对稳定，也使国内的金融危机和物价暴跌的现象有所缓解，并刺激了生产的复苏和商品的流通，增加了国民政府的财政收入，为中国经济的发展和适应世界经济一体化提供了可能。同时，由于中国成为英镑集团成员，英国逐渐增大了对华投资和贷款。1936 年 5 月，中国又与美国签订了《白银协定》，中

---

① 忻平、胡正豪等：《中华民果纪事》（上），福建人民出版社，2001，第 200 页。

国通过出售白银，获得大量美元外汇，也刺激了美国的对华投资。

其次，开展资源调查与加强工业交通建设。"一·二八"事变显示了东南沿海将成为日本首先觊觎的地区。1932年3月，国民党第四届中央执行委员会第二次会议通过了"以洛阳为行都，以长安为陪都，定名为西京"的决议，准备以西北地区作为长期抵抗的根据地。从1932年开始，国民政府就派出大批官员、学者前往各地进行资源调查。1935年，国民党第五届一中全会通过了《确定国民经济建设实施计划大纲》明确规定了国民经济建设的28条计划，并将国防设计委员会与兵工署的资源司合并，改称资源委员会，拟订了3年重工业建设计划。资源委员会成立后对湖南、湖北、江西、云南、四川、青海等省的矿产资源进行了广泛调查，计划建设钨铁厂、炼铁厂、锌矿厂、炼油厂、氮汽厂、飞机发动机厂、原动力机厂、工具厂、电机厂、电线厂、电话厂、电子管厂等。至七七事变爆发，共建成21个厂矿，包括金属开采、冶铁、机器制造、电工器材等重工业。而且，这些厂矿均考虑到国防的需要，全部远离沿海地区。由于国民政府的经济政策，中国的现代化工业每年以7%左右的速度增长。到1936年，各项经济指标都达到中华民国历史以来的最好水平。另外，1935年，国民政府把铁、公路交通的建设工作放到重要位置上，提出要尽量发展各县各省区之道路交通，改进水陆货运，力谋货物流通之便利，使之适应经济建设和国际形势的需要。到

1936 年 6 月，国民政府经营的铁路里程达 7416 公里，其中干线 6796 公里，支线 620 公里。公路里程为 115702 公里。

上述经济建设计划的制订与实施，为以后的持久抗日提供了基本的物质条件。

4 西安事变爆发，中国抗日民族统一战线初步形成

尽管在日本步步紧逼的情势下，以蒋介石为首的国民政府开始着手抗日准备，却没有放弃"剿共"政策。因为在蒋介石看来，红军处在国民党军队的重兵包围之下，完成"剿共"已经指日可待。因此，他命令张学良东北军和杨虎城西北军加紧"剿灭"陕北红军。

但张学良的"剿共"军事屡屡失利。其原因除红军保持着顽强战斗力外，还有两个重要原因。第一，自东北弃守后，张学良不仅遭到了全国舆论的指责，东北军官兵的思乡情绪也严重地影响了对红军的作战士气。第二，蒋介石在张学良"剿共"失利后取消了东北军两个师的番号，并停发了军饷，"令张学良非常气愤，也非常寒心"。①

张学良痛定思痛，逐渐对蒋介石的"攘外必先安

---

① 孙铭九：《"西安事变"的真相》，江苏文艺出版社，1993，第 40 页。

内"政策产生怀疑，趁赴南京参加会议之机指示进关的义勇军将领李杜，设法联系共产党，准备同共产党直接谈判，计议联合抗日事宜。张学良返回西安后，立即将自己的意图秘密告诉了第六十七军军长王以哲，"指示他通过前沿部队设法沟通同红军的关系"。[1] 与此同时，中国共产党和中央红军也对东北军广泛开展"放弃内战、联合抗日"的宣传，并释放了被俘的第六十七军六一九团团长高福源，派他返回东北军向张学良、王以哲宣传中共的抗日主张。于是，张学良决定请红军派正式代表谈判。

1936 年 2 月 21 日，红军代表李克农一行在第六十七军前线部队的保护下秘密进入洛川第六十七军军部，与王以哲进行了会谈，最后达成几项停止内战、恢复通商的口头协定。洛川会谈成为东北军、西北军、红军联合抗日的先声，也是张学良从"剿共"向联共转变的开端。经过多次秘密协商，1936 年 4 月 9 日，周恩来与李克农进入延安，在城内的一座天主教堂内，与张学良进行了会谈。会谈期间，周恩来对国内外时局进行了精辟的论述和分析，其见地深邃，谈吐得体，胸襟豁达，给张学良留下了深刻的印象，他发自内心地对周恩来等共产党人表示敬佩和诚服。延安会谈在这种极其融洽的气氛中达成了几项口头协议，其中包括停止内战、在保证红军战斗力完整的前提下将红军编为国民革命军等。

---

① 申伯纯:《西安事变纪实》，人民出版社，1979，第 20 页。

其实，蒋介石也很担心张学良出现异动，曾先后派出大批公开或隐蔽的军统、中统特务监视东北军的一举一动。尤其是东北军与红军的频繁接触，引起了国民党特务的关注和警觉。1936年10月21日，蒋介石亲抵西安，为的是督促张、杨加紧"剿共"。蒋介石在训话中一再强调，要"分清敌人的远近，事情的缓急"，"我们最近的敌人是共产党，为害也最急。日本离我们很远，为害尚缓"，"不积极剿共而轻言抗日，便是是非不明，本末颠倒，便不是革命"。① 蒋介石的训话使张学良极为不满，同蒋的隔阂日深。

1936年12月4日，蒋介石再次来到西安督阵，陈诚、卫立煌、蒋鼎文、朱绍良、陈调元等军政大员也随同到达。大批嫡系部队也开进潼关，摆出了与红军最后决战的架势。蒋示意张、杨二人，倘若再迟迟不用兵，将以中央军取而代之。12月7日，张学良与蒋介石交谈3个小时，就"剿共"和抗日的问题进行了激烈的争吵，最终仍是各持己见。

12月9日，西安数千名学生为纪念上一年北平学生的"一二·九"运动，涌上西安街道游行示威，要求当局停止"剿共"、共同抗日，游行队伍得知蒋介石正在潼关，遂向潼关挺进。张学良闻报急忙前往劝阻，并答应学生将他们的请愿书直接呈递给蒋介石。当日晚，张学良将学生们的请愿书呈交给蒋介石，蒋大发

---

① 傅虹霖著《张学良的政治生涯》，辽宁大学出版社，1988，第170页。

雷霆。第二天，张学良会同杨虎城再访蒋介石，蒋介石竟然发怒拍起桌子。

鉴于蒋介石的态度，张学良决定举行兵谏，于1936年12月12日凌晨将蒋介石及一干国民党大员扣留，随即与杨虎城联名发布了包括改组南京政府在内的抗日救国8项主张。

西安事变的爆发，中共中央分析了国内外形势，确定了和平解决事变的方针。17日，以周恩来为首的中共代表团到达西安，与张学良、杨虎城恳切会谈，并接见各方人士，坚决主张和平解决这次事变。22日，宋子文、宋美龄飞抵西安开始与张学良、杨虎城及中共代表会谈。24日，达成了改组国民党与国民政府、驱逐亲日派、容纳抗日分子、释放上海爱国的救国会之领袖、释放一切"政治犯"、保障人民权利、联共抗日等项协议。周恩来曾会见蒋介石，蒋表示以人格担保，履行上述协议。25日下午，张学良护送蒋介石飞离西安。事变的和平解决，推动了国共两党再次合作，实现团结抗日，抗日民族统一战线初步形成，中国由此实现了从国内战争到全国抗战的伟大转变。

四 卢沟桥事变与中国全民族抗战局面的到来

卢沟桥事变

1937 年 7 月 7 日晚，驻丰台日本华北驻屯军第 1 联队第 3 大队第 8 中队在北平西南宛平县城附近举行军事演习。10 时 40 分左右，在演习地区发出几声枪响，随后，日军声称一名士兵失踪，要求进城搜查。其实，失踪士兵很快归队，但日军仍然要求进入宛平城。日军的无理要求遭到了中国守军的拒绝，次日清晨 5 时，日军一木清直大队长率第 1 联队第 3 大队向驻守龙王庙和铁路桥的中国守军发动攻击，并占领了龙王庙铁路桥东头。日军另一部则向宛平县城东门发起进攻，炮轰城墙，并攻占了县城东北方的沙岗。驻守在这里的第二十九军奋起反击，卢沟桥事变爆发。由此，日本开始了长达 8 年的全面侵华战争，而中国全民族团结一致的浴血抗战也拉开了帷幕。

卢沟桥事变是日本大陆政策发展的必然结果，是日本既定侵华政策的必然产物。早在 1936 年 1 月 13

日，日本陆军省就对中国驻屯军司令官发出《第一次北支（华北）处理要纲》，该纲要实际上是日本陆军省制定的如何一步步完成对华北侵略的纲领性文件。根据要纲的精神，日本加快了对华北的军事部署，将华北驻屯军由原来的1771名增加到5774名。同年，驻屯军挑起两次丰台事件，迫使中国军队退出丰台。1937年4月以后，驻屯军开始在平津近郊演习。从6月起，驻丰台日军在卢沟桥一带的演习日益频繁，并以进攻占领宛平城为目标，其目的非常明确。因此，尽管七七事变在表面上看似乎是偶然的，而实际上它的发生与日本的侵华政策有着必然的联系。

卢沟桥事变爆发后，国民政府外交部立即向日本大使馆提出口头抗议，并积极进行军事部署，调兵北上，令孙连仲、庞炳勋等部，向保定、石家庄集中。而日本于7月10日接连召开首、外、陆、海、藏五相会议和内阁紧急会议，在内阁会议上通过了陆军部关于增兵中国的提案，天皇随即批准了向华北派兵的提案。但为了争取更多的运兵时间和诱使守军妥协，日本放出"现地谈判"的烟幕。11日，第二十九军与驻屯军签订了现地停战协议，在协议中，中方做了极大让步，如令第二十九军代表向日军表示遗憾，处分负责官员，保证将来不发生类似事件；中国军队为避免与日本在丰台过于接近而招惹事端，改以保安队在卢沟桥城厢及龙王庙维持治安；彻底取缔抗日团体。但这一切，根本无法阻止日本扩大侵略的野心。20日，增援华北的各路日军集结完毕，对北平形成包围之势，并迅速转入临战状态。同日，日本内阁批准了陆军关于"使用武力解决事变"的决定。

日本军队在完成一系列军事部署后，随即开始向平津地区进攻。25日和26日，中日两军分别在廊坊和广安门发生冲突，预示着大战即将来临。

28日，日本驻屯军发表对中国军队"出师讨伐"的声明，集中兵力从西、东、南三面向北平大举进攻，并出动飞机轮番轰炸中国军队工事，第二十九军奋起反抗，但因驻地分散，兵力无法集中，造成重大伤亡。第二十九军副军长佟麟阁、第一三二师师长赵登禹，以及许多中国官兵英勇牺牲。当日晚，宋哲元率第二十九军撤出北平，命张自忠留守北平与日军周旋。30日，北平沦陷。

就在北平激战的同时，驻天津的第二十九军第三十八师副师长李文田率该师第一一四旅主力，协同天津市保安队，于28日凌晨向日本驻屯军司令部、海光寺日军兵营等地发动攻击，并相继收复天津东站和总站。次日凌晨，日军分四路进攻中国驻军，但遭中国军队顽强抵抗，并攻入日本租界。日军急调援军增援，并在飞机、战车的掩护下向中国军队反扑。在兵力悬殊的情况下，中国军队被迫撤离天津，30日，天津失守。

八一三事变

早在1936年8月日本参谋本部制订的1937年度对华作战计划中，即有占领上海、南京的计划，其主要战略设想是："以第九军（3个师团）占领上海附近……新编第十军（2个师团）从杭州湾登陆，从太湖南面前进，两军策应向南京作战，以实现占领和确保上海、杭州、南京三角地带。"[1] 卢沟桥事变后，日军基本上是按这一作战计划行动的。

中国方面，因长江流域为国民政府政治经济倚重地区，故对其防卫也早有筹划。早在1936年国民政府拟订的《1937年度国防作战计划》中即提出："长江下游地区之国军，于开战之初应先用全力占领上海，无论如何必须扑灭在上海之敌军，以为全部作战之核心。尔后直接沿长江、海岸阻敌上陆，并对登陆成功之敌，决心攻击而歼之。不得已时，逐次后退占领预设阵地。最后须确保乍浦－嘉兴－无锡－江阴之线，以巩卫首都。"[2] 淞沪会战开始后，中国军队作战基本上以此案为指导。

1937年8月9日18时左右，日本海军陆战队第一中队中队长大山勇夫中尉和斋藤与藏水兵驾汽车到上海虹桥机场，企图强行越过警戒线，中国门卫制止无效，将其二人击毙。10日，日本海军第三舰队司令官长谷川清中将电令佐世保除第一航空队外的其他第三舰队所属部队立即向上海前进。11日，上述日军到达上海。12日，日本海军军令部又将原配属于华北派遣

---

[1] 日本防卫厅防卫研究所战史室：《中国事变陆军作战》第1卷，东京，朝云新闻社，1975，第102~103页。

[2] 国民政府参谋本部：《民国二十六年度国防作战计划》，《民国档案》1987年第4期。

军的第二航空队转隶长谷川指挥。当日，上述两支部队开赴上海东南泗礁山。同日，日军参谋本部制订增兵方案，决定派遣第十一师团、第三师团组成一个军增援上海。此案得到内阁会议批准。中国方面，军事委员会于 11 日决定"围攻上海"，并做了相应的兵力调整。

8 月 13 日下午，中日两军首先在八字桥交火，战斗迅速蔓延，淞沪会战打响。14 日，国民政府发表《自卫抗战声明》表示：中国之领土主权，已横受日本之侵略；国联盟约，九国公约，非战公约，已为日本破坏无余……中国以责任所在，自应尽其能力，以维护其领土主权及维护上述各种条约之尊严。中国决不放弃领土之任何部分，遇有侵略，唯有实行天赋之自卫权以应之。15 日，日本政府发表声明："为膺惩中国军队的暴戾，以促使南京政府之反省，今即采取断然措施。"17 日，日本政府决定放弃"不扩大方针"。9 月 2 日，日本宣布将"华北事变"改称为"中国事变"，天皇并敕令追加军费预算，表明日本决心全面占领中国。

从七七事变到八一三事变，短短 5 个星期，日本侵略者把战火从平津扩大到淞沪地区，从华北扩大到华东，原来的局部挑衅发展成了全面侵略中国的战争。因此作为日本全面侵华战略的导火线的卢沟桥事变也就成为必然之事了。正如时在日军驻屯军参谋长任上的桥本群少将战后回忆时所言："纵使卢沟桥事变或许能得到避免，但第二、第三次同样的事件，即作为解决根本问题的导火线的小事件仍将不可避免的会发生。"此言道出了历史原委。

3 国共两党合作与抗日民族统一战线的形成

卢沟桥的枪声拉开了中日全面战争的序幕，中华民族到了生死存亡的关头。卢沟桥事变翌日，中国共产党率先发出《为日军进攻卢沟桥通电》，呼吁全国人民："日本帝国主义武力侵占平津与华北的危险，已经放在每一个中国人的面前。"指出"平津危急！华北危急！中华民族危急！"号召"全中国同胞、政府与军队团结起来，筑成民族统一战线的坚固长城，抵抗日寇的侵略！"毛泽东、朱德、彭德怀致电蒋介石，要求"实行全国总动员，保卫平津，保卫华北，收复失地"。中共中央发出通电，提出"国共两党亲密合作抵抗日寇的新进攻"。

7月17日，蒋介石在庐山发表谈话，提出解决卢沟桥事变的四点立场："一、任何解决不得侵害中国主权与领土完整；二、冀察行政组织不容任何不合法之改变；三、中央政府所派地方官吏，如冀察政务委员会委员长宋哲元等，不能任人要求撤换；四、第二十九军现在所驻地区，不能受任何的约束。"他说："如果卢沟桥可以受人压迫强占，那么我们五百年故都、北方政治文化的中心及军事重要的北平，就要变成沈阳第二！今日的北平若果变成昔日的沈阳，今日的冀察亦将成为昔日的东四省，北平若可变成沈阳，南京又何尝不可变成北平？所以卢沟桥事变的推演，是关系中国国家整个的问题，此事能否结束，就是最后关头的地界。"他严正表示："万一直到了无可避免的最后关头，我们当然只有牺牲，只有抗战。但我们的态度只是应战，而不是求战。""我们希望和平而不求苟安，准备应战而决不求战。……如果战端一开，那就是地无分南北，年无分老幼，无论何人皆有守土抗战之责任，皆应抱定牺牲一切之决心。"这篇讲话于19日正式公布，它事实上确定了准备抗战的方针。

七七事变后不久，中共代表周恩来、秦邦宪、林伯渠再次到庐山与国民党进行谈判，并于7月15日向国民党中央提交了《中国共产党为公布国共合作宣言》。宣言指出："在民族生命危急万状的现在，只有我们民族内部的团结，才能战胜日本帝国主义的侵略。"同时郑重声明："（一）孙中山先生的三民主义为中国今日之需，本党愿为其彻底的实现而奋斗。（二）取消一切推翻国民党政权的暴动政策，及赤化运动，停止以暴力没收地主土地的政策。（三）取消现在的苏维埃政府，实行民权政治，以期全国政权之统一。（四）取消红军名义之番号，改编为国民革命军，受国民政府军事委员会之统辖，并待命出动，担任抗日前线之职责。"

17日，中共代表周恩来、秦邦宪、林伯渠等同国民党代表蒋介石、张冲、邵力子等在庐山举行会谈，讨论红军改编为八路军等问题。8月9日，国民党邀请周恩来、朱德、叶剑英到南京参加国防会议，共商抗日大计，同时，就发表两党合作宣言，确立共同抗日政治纲领，决定国防计划，确立红军指挥系统及补充数量，红军作战方针等问题继续进行谈判。8月25日，中共宣布红军改编，将西北红军改编为国民革命军第八路军，红军前敌总指挥部改为八路军总指挥部，朱德、彭德怀为正、副总指挥，叶剑英、左权为正、副参谋长。红军总政治部改为八路军政治部，任弼时、邓小平为正、副主任。八路军下辖3个师，即一一五师、一二〇师、一二九师，共计4.5万人。随即八路军各部东渡黄河，开赴山西抗日。

9月中旬，国共两党在南京继续谈判，最终就"合作宣言"达成一致意见。9月22日，国民党中央通讯社播发了《中国共产党为公布国共合作宣言》，宣言宣布，在"国难极端严重、民族生命存亡绝续之时"，中国共产党为挽救祖国的危亡，在和平统一、团结御侮的基础上，"与中国国民党获得了谅解，而共赴国难了"。23日，蒋介石发表《对中国共产党宣言的谈话》说："此次中国共产党发表之宣言，即为民族意识胜过一切之例证……在存亡危急之秋，更不应计较过去之一切，而当使全国国民彻底更始，力谋团结，以共保国家之生命与生存。"以这两个文件的公开发表为标志，第二次国共合作正式形成。

第二次国共合作的形成，结束了中国分裂局面，以蒋介石为首的国民政府成为全民族团结抗战的象征，政治威信空前提高。为了表示团结抗战的决心，国民党政府陆续释放了包括共产党人在内的 700 余名"政治犯"。10 月 10 日，国民党政府宣布废止 1931 年制定的针对共产党和其他民主党派的《危害民国紧急治罪法》，颁布了经过修改的针对汉奸的《危害民国紧急治罪法》。

第二次国共合作的建立，获得全国各抗日阶级、阶层的热烈拥护，同时也推动了全国一切爱国党派间的团结合作。宋庆龄发表声明指出："国难当头，应该尽弃前嫌，必须举国上下团结一致，抵抗日本，争取最好胜利。"全国各界抗日救国会领袖邹韬奋撰文说："我国已恢复了民国十六年前全民族一致团结以谋民族复兴的精神。这样的全国团结，是保证抗战胜利最重要的条件，是对日本帝国主义的一个重大打击。"沈钧儒、邹韬奋等 7 人从监狱获释后，表示拥护国共合作。8 月，刚出狱的沈钧儒等救国会 7 领袖应国民政府之邀，到南京陈述抗日救国的意见。各民主党派领导人，也纷纷表示了团结抗日的态度，并积极投入到抗日洪流中。

在抗日民族统一战线旗帜下，国民党地方实力派的桂军、川军、滇军、粤军、晋军、西北军、东北军等，也摒弃前嫌，纷纷开赴各个抗日战场。

全国各地的抗日救亡运动风起云涌。工人、农民、青年学生和知识分子，以各种方式积极参加抗日斗争。

在抗日民族统一战线旗帜下，远在南洋、美洲、欧洲的华侨，也组织起来支援祖国抗战。他们成立了各种救援会，募集资金、征集药品、抵制日货，甚至亲自回国参战。

4 持久战方针与国共两党的战略分工

1937 年 8 月 7 日至 12 日，国民党提前在南京召开有共产党人参加的国防会议，商讨抗战大计。这次会议在蒋介石主持下，对敌我双方的基本情况和各自战略方针作了具体分析。会议讨论了《国军作战指导计划》，制订了"抗战到底，全面抗战""采取持久消耗战略"的方针，强调"以达成持久战"为作战指导之"基本主旨"，在此原则下，"一面消耗敌人，一面培养战力，待机转移攻势，击破敌人，以达到最后胜利"。其后，蒋介石对持久战略进一步进行了阐述："我们的战略，是以持久抗战，消耗敌人的力量，争取最后阶段的胜利。"

抗日战争开始不久，中国共产党也提出了持久抗战的战略方针。1937 年 8 月 7 日，周恩来、朱德、叶剑英等中共代表到南京参加国防会议，提出了中共方面拟定的《全国抗战之战略计划及作战原则案》，提案全面分析了中日双方的基本情况，提出了全国抗战所应采取的战略方针和作战原则。主要内容为：战略方针为持久防御战；战役上应以速决战为原则；基本作战原则是运动战，避免持久的阵地的消耗战；战略上应是内线作战，而在战役的指导上，应是外线作战；开展广泛的游击战，造成主力运动歼敌之有利时机。1938 年 5 月，毛泽东发表了《抗日游击战争的战略问题》和《论持久战》，对中国共产党持久战的战略理论进一步概括、深化和完善，标志着中共持久战理论臻于成熟。

毛泽东的持久战思想主要有以下内容。

第一，阐明了中日战争的基本特点及其发展规律。中日战争发生于20世纪30年代，由此构成了战争双方敌强我弱，敌退步、我进步，敌小我大，敌寡助、我多助互相矛盾的四个基本特点，这些特点决定了抗日战争是持久战，最后胜利属于中国人民。毛泽东通过对抗战客观规律的总结，预见了抗日战争的三个发展阶段，即战略防御、战略相持和战略反攻三阶段。而战略相持是抗日战争必须经过的一个重要阶段，是抗战不可或缺的部分，强调这一阶段"是整个抗日战争时期的过渡阶段，也将是最困难的时期"，但它又是整个战争转变的枢纽。中国将变为独立国，还是沦为殖民地，不取决于第一阶段大城市是否丧失，而决定于第二阶段全民族努力的程度。同时，相持阶段将经过相当长的时间。在这个时间内，敌我力量对比将发生巨大的相反的变化，中国力量将逐渐上升，日本力量则逐渐下降。因此，战略相持阶段是中国由弱变强、由守转攻的关键所在。

第二，提出了人民战争的抗战路线，强调抗战政治动员的重要性。认为兵民是胜利之本，战争的伟力之最深厚的根源，存在于民众之中。因此必须坚持人民战争的抗战路线，动员和依靠群众进行战争。"动员了全国的老百姓，就造成了陷敌于灭顶之灾的汪洋大海，造成了弥补武器等缺陷的补救条件，造成了克服一切战争困难的前提。"

第三，规定了抗战的作战方针和作战形式，确定了运动战、游击战的基本战略地位。毛泽东指出："转换全局的战略方针，必然是运动战，阵地战虽也必需，但是属于辅助性质的第二种方针。"中国军队要取得抗战的胜利，必须在广阔的战场上进行高度的运动战，迅速地前进和迅速地后退，迅速地集中和迅速地分散，这就是大规模的运动战，而不是深沟高垒、层层设防、专靠防御工事的阵地战。因此，中共主张，对日作战以运动战、游击战为主，辅之以正面的阵地防御战。另外，毛泽东还把游击战提高到战略高度，认为此游击战争主要不是在内线配合正规军的战役作战，而是在外线单独作战；游击战争不是小规模的，而是大规模的，它有自己一整套关于战略防御和战略进攻的原则；由于中日战争具有长期性和残酷性，就决定了抗日游击战争必须建立根据地。

实行抗日持久战战略方针是国共两党的共识。但在具体的实行中，两党存在差别。这种差别在主观上主要缘于抗战路线的差异。中共的持久战主要是着重于政治，而国民党则主要着重于军事。中共认为，持久战的基础是动员广大民众，实行全国范围的、全民族的人民战争，执行自力更生的方针，打败日本的侵略，实现国家的独立解放，所以，共产党的持久战，基本方面在于政治战略，多注重于民众的组织动员。而国民党方面虽然提出了民众重于士兵，但主要还是依靠政府和军队，将持久抗战的希望寄托于国际形势的变化上。而在客观上，国共两党的军事分工也影响了该战略的实施。

在 1937 年 8 月的国防会议上，国共两党就明确地进行了军事分工。由于当时国民党军队无论从人数和装备方面，都远远超过了共产党军队，因此决定由国民党军队担负正面防御作战，而由共产党军队担负侧后支援。这种分工是合理并且可行的。在这种分工之下，中国的抗日战争形成了以国民党军队为主的正面战场和以共产党军队为主的敌后战场。而正面战场的防御作战不同于敌后作战，除了依靠正规军进行阵地战和运动战之外别无选择，只是到了抗日相持阶段到来后，国民党才考虑运用游击战。而在广阔的敌后战场，共产党领导的军队以它的人数与装备根本无法在阵地战中发挥决定性作用，只有游击战和适当条件下的运动战才是它施展身手的作战方式。

尽管国共两党在作战方式方面存在差异，但总的来看，两党军队都执行了持久战的战略方针。没有正面战场防御阶段的努力作战，敌后战场将难以开辟；没有相持阶段敌后战场的努力作战，正面战场也难以维持。中国抗日战争能够坚持到最后胜利，是在持久战方针下两个战场共同努力的结果。

五 阻敌于前、制敌于后

正面战场的防御作战

　　1937 年 8 月 20 日，国民政府军事委员会发布了部队战斗序列和作战指导方针。为了统一军事指挥，首次将国土按抗战需要划分成 5 个战区，冀、豫为第一战区，晋、绥为第二战区，苏、浙为第三战区，闽、粤为第四战区，山东、苏北为第五战区。此外，还编成 4 个预备军，作为军事委员会领导之下的独立作战机构，构成国民党领导下的正面战场。8 年抗战中，正面战场先后进行了淞沪会战、太原会战、南京会战、徐州会战、武汉会战、南昌会战、随枣会战、长沙会战、桂南会战、枣宜会战、上高会战、中条山会战、浙赣会战、鄂西会战、常德会战、豫湘桂会战等 22 次大型会战，此外，还有远征军两次赴缅甸作战，共伤亡官兵 321 万人，其中 131 万人阵亡。

　　正面战场的防御作战贯穿了战略防御和战略相持两个方针，其中关系到战争全局的战役分别有如下几个。

淞沪会战

上海比邻南京，而沪宁地区是中国政治、经济中心，又是西方国家利益所在之重地，上海得失不仅维系中国抗战前途，且与国际观瞻相系。因此，八一三事变第二天，国民政府即发表了《自卫抗战声明书》，宣告"中国决不放弃领土之任何部分，遇有侵略，惟有实行天赋之自卫权以应之"。当天，第九集团军在总司令张治中的指挥下，开始向日本海军陆战队发动进攻。中国空军也参加了作战。15 日，日本正式宣布组建上海派遣军，以松井石根大将为司令官，先期增派 5 个师团向上海增援，部兵力达到 20 万人。日军增援部队登陆后，中国也立即增加兵力，先后投入 78 个师、7 个独立旅和其他部队，总计 75 万多人。

淞沪战役是在上海及外围地区进行的。双方激战两个月后，日军依靠强大的火力虽然突破中国军队主要防线，但中国军队仍然顽强抵抗。为了尽快占领上海，11 月 5 日，日军第十军 10 万人在金山卫登陆，日军投入兵力超出 30 万人，形成了对中国军队的大包围。此时中国统帅部因幻想九国公约签字国的干涉，拖延了撤退时机，日军包围网形成。蒋介石不得不下令撤退。11 月 12 日，日军占领上海。

在淞沪会战中，中国军队不乏英雄事迹。如中国飞行员阎海文座机中弹被迫跳伞落入敌阵后，开枪打死数名日军，最后举枪自尽。日军敬佩其英勇气概，立"支那勇士"之墓于上海大场；中国空军第二大队分队长沈崇在座机中弹后放弃跳伞机会，驾机猛撞敌舰，炸沉日军巡洋舰一艘，自己也与敌舰同归于尽；守卫宝山的姚子青率一营官兵与数倍的日军奋战 2 昼夜，绝不后退一步，最后全营壮烈牺牲；守卫四行仓库的副团长谢晋元率 800 壮士孤军奋战，坚守阵地 4 昼夜，多次打退敌人进攻；童子军少女杨惠敏冒着生命危险向四行仓库守军敬献国旗，被国外媒体称为"中国的圣女贞德"。

淞沪会战历时 3 个多月，虽然上海失陷，但日军遭到自开战以来最沉重的打击，粉碎了日本侵略者"三个月灭亡中国"的狂妄计划，鼓舞了全国人民抗战的意志，赢得了向大后方撤退战略物资和人员的时间，同时也减轻了华北战场的压力。此役，中国军队伤亡 30 万人，日军伤亡 4 万人。但是，淞沪会战也暴露了正面战场节节防御、步步退守而缺少运动战的弱点，致使日军占领上海后长驱直入，于 12 月 13 日轻易占领中国首都南京，24 日占领杭州，使中国宁沪杭长江三角地区全部沦陷。

太原会战

日军占领平津后，兵分三路沿平绥、平汉、津浦铁路向华北各地进攻。1937 年 8 月，日军先后攻占了南口、大同，9 月 3 日，向山西发起进攻。历时 2 个多月的太原会战开始。日军投入兵力约合 4 个半师团共 14 万人，中国军队参战总兵力 6 个集团军计 58 万余人，中国共产党领导的八路军参加了战役。

太原会战包括天镇战役、平型关战役、忻口战役、太原保卫战等一系列战役。

天镇战役从 9 月 3 日开始至 12 日天镇失陷结束。在战斗中，日军除以飞机轮番轰炸外，还首次使用了毒气弹，造成中国军队官兵的大量牺牲。

平型关为内长城南端重要隘口，据守灵丘至大营之公路，为日军由灵丘进攻雁门关背侧的必经之路。9 月 22 日平型关战役打响，第二战区部队与日军在平型关外围激战数次，损失很重。25 日，林彪、聂荣臻指挥八路军一一五师在平型关设伏一举击溃日军第五师团第二十一旅团一部，取得了八路军出师以来第一个重大胜利。

忻口右托五台山，左倚云中山，是晋北通向太原的门户。10 月 1 日，日军开始向忻口进攻，国民政府军事委员会下令在忻口与日军会战。卫立煌指挥第十四集团军担任正面防御，朱德指挥的第十八集团军（即八路军）为右集团军，由杨爱源指挥的第六集团军为左集团军。其间，八路军一二九师七六九团夜袭阳明堡机场焚毁日机 24 架，有力地支援了忻口会战的友军。11 月 2 日，中国军队在"固守太原，依城而战"的方针下撤离忻口。忻口会战中国军队以 5 万余人伤亡的代价阻敌 30 天，歼敌 2 万余人。

11 月 7 日，日军开始进攻太原。战至当晚，守城官兵仅存 2000 余人。8 日夜，日军突破城垣，守军突围。9 日，太原沦陷。太原会战，中国军队伤亡 10 万人；消灭敌军 3 万人。会战的意义在于大量消耗了日军，牵制了日军沿平汉铁路南下的作战行动。

徐州会战与台儿庄大捷

徐州位于江苏省西北部，邻近与安徽、河南、山东三省交界之处，是沟通津浦、陇海两铁路的重要枢纽，历来是兵家必争要地。日军占领南京后，华北日军与华中日军为了打通津浦路，沟通华北和华中的联系，把进攻矛头指向徐州。为此，日军由津浦路南北两端同时向徐州进攻。而中国方面，国民政府和第五战区长官部早在 1937 年 10 月就制订了保卫徐州的作战计划：一方面固守黄河天险和苏北、东海及胶东半岛沿海，阻止华北日军南下侵犯或从海上登陆，同时调集部队集结徐州，与敌进行持久抗战。

1938 年 1 月，在津浦路南线，占领南京的日军华中方面军开始实施北上打通津浦线的作战计划。第五战区李品仙第十一集团军和于学忠第五十一军，利用淮河、淝河、浍河等地形，阻止日军沿津浦线北进。2 月 8 日，日军向小蚌埠第五十一军阵地进攻，第五十九军军长张自忠率部驰援。日军退回淮河南岸，日军华中方面军企图北上合围徐州的计划破产。

在津浦路北线，由于山东省政府主席、第三集团军总司令韩复榘不战而退，致使日军长驱南下。1938 年 1 月，国民政府军委会组织军事法庭对韩复榘进行审判，判处其死刑并在武汉予以处决，这是中日开战以来第一个被军法处死的国民党高级将领。1938 年 2 月，第二十二集团军、第二十四集团军及第三集团军之一部，于徐州北线作战，进攻鲁南、鲁西之沿津浦路南下之日军。徐州会战拉开序幕。

徐州会战范围广大，含鲁南、鲁西、苏北、安徽之江淮之间的大片境域。1938年2月，日军板垣征四郎之第五师团企图以主力沿胶济路西进，至淮县折而南下，夺取临沂，从地面包抄徐州。李宗仁命令庞炳勋部在临沂建立防御阵地，以诱敌深入，并火速调派张自忠将军的第五十九军兼程驰援。在张自忠和庞炳勋的内外夹攻下，日军坂本支队大败而归。此役，中国军队以伤亡3000余人的代价歼敌3000余人，压制了敌人的攻势，为中国军队在台儿庄的胜利创造了条件。

3月14日，日军右翼第十师团濑谷支队由邹县以南的两下店进攻滕县。守军第一二二师师长王铭章赶赴滕县守卫。敌我激战2昼夜，王铭章及2000余官兵壮烈牺牲。17日晚，日军攻占滕县。

3月20日，日军濑谷支队在攻陷滕县后孤军深入，沿枣台支线向台儿庄突进，企图一举攻占徐州。23日，日军向台儿庄发动进攻，次日晚突入台儿庄城东北角，随即被我军歼灭。26日，日军装甲车向台儿庄猛攻，我军第三十一师师长池峰城率部分兵力猛攻敌背后，另一部在庄内与敌展开激战。日军一部攻入台儿庄西北角，池峰城组织敢死队与之展开肉搏。同时，汤恩伯军团在峄城、枣庄附近，消灭了前来增援的日军。4月6日，李宗仁亲赴台儿庄指挥作战。战至7日夜，日军大部被歼，其余日军残部向峄城、枣庄撤退。我军收复台儿庄。

台儿庄战役历时近20天，以伤亡近2万人的代价，击溃了日军精锐部队第五、第十师团主力2万余人的进攻，歼敌万余。台儿庄会战的意义不仅在于消灭了大量日军，更在于这是抗日战争爆发以来第一次击退日军进攻的战役，从而打破了日军不可战胜的神话，极大地鼓舞了全国军民的抗日士气。

台儿庄战役后，日军大本营为了迅速消灭中国军队主力，决定由南北两路夹击徐州，参战部队约25万人。为阻止日军打通津浦线，中国调集大量精锐部队，至5月初，徐州附近的部队已达60余万人。

5月5日，日军开始从南北两个方面向徐州西侧迂回包围。在南面，日军连陷蒙城、永城，向萧县、砀山、宿县进攻。在北面，日军连陷郓城、单县、金乡、鱼台后，从河南濮阳南渡黄河，攻陷山东菏泽、曹县，直插河南兰封。至中旬，日军完成了对徐州的包围，中国军队面临全军覆没的危险。为保存实力，中国军队主动撤离徐州。5月19日，日军占领徐州。中国军队也完成了撤退计划，日军歼灭中国军队主力之阴谋破灭了。

在徐州会战中，中国军队以劣势装备与日军精锐部队周旋了5个月，消灭了日军的有生力量，为武汉会战赢得了时间。

为了阻止日军追击，国民政府军事委员不仅下令炸毁了郑州南面的平汉路，还下令炸开黄河大堤。6月6日和7日，中国军队分别于赵口和花园口两处，炸开黄河大堤。黄河决堤，一定程度上阻止了日军华北方面军的长驱南下和徐州方面日军的西进，为部署武汉会战争取了时间。但黄河决堤也给豫、皖、苏人民带来了巨大的灾难。3 省 44 县 390 万人从此流离失所，经济损失达 10 亿元。

武汉会战

武汉位于长江和汉水之交汇处，平汉、粤汉两铁路之连接点，是华中地区的交通枢纽，索有九省通衢之称。日军占领徐州后，日本大本营随即制订了攻取武汉的作战计划。此役由华中派遣军司令官畑俊六指挥，参战兵力达 25 万余人，海军和航空兵均参加了会战。

中国方面，早在 1937 年 12 月，国民政府军事委员会就制订了以保卫武汉为核心、在外围发动运动战以消耗敌人赢得时间的作战计划。1938 年 6 月，第一战区主力调至长江两岸布防。同时成立了以陈诚为司令长官的第九战区，负责长江南岸的作战。李宗仁第五战区负责大别山麓作战。在会战中，中国方面先后投入 124 个师、2 个骑兵旅、7 个野战炮兵团、3 个要塞炮兵团，共 75 万人，蒋介石亲自任作战总指挥。

6 月初，日军向安庆进攻，12 日，占领安庆，武汉会战打响。日军师攻占桐城潜山后，南京到武汉的第一道防线——马当（垱）封锁线直接暴露在日军的攻击下。24 日，日军开始进攻马当。战至 26 日，日军施放毒气弹，守军因官兵大量伤亡被迫撤退，马当要塞遂告陷落。马当失守后，日军沿江继续西进，7 月 26 日，占领九江。8 月 22 日，日本大本营下达了攻取武汉的命令，日军华中方面军分南北两路向武汉进攻。武汉会战全面展开。

南路方面，日军波田支队沿长江西进，中国军队

66

节节抵抗。战至 10 月，日军已逼近武昌。而此时中国军队采取了外线配合内线的运动战方针，成功地消灭和消耗了日军有生力量，延迟了日军推进速度。如在九江以南的战斗中，中国守军依托庐山两侧及南浔铁路北段的有利地形进行顽强抗击，给日军以重创，日军 30 多天才推进了 2 公里半。在正面久攻不下的情况下，9 月 21 日，日军以第一〇六师团和第一〇一师团各一部孤军深入，进至德安西面万家岭地区，妄图从背后偷袭我军。中国军队则采取了运动战，将敌人围困。10 月 7 日，中国军队发起总攻。9 日，蒋介石下令必须在 10 日前拿下万家岭，作为给双十节的献礼。当晚 19 时，中国军队向日军发起全线攻击，经过激战，占领了万家岭、雷鸣鼓等地。战役结束后，万家岭战场周围约 10 平方公里的土地上，到处是日军的尸体和马的骸骨。此役，中国军队歼灭日军 3000 余人，伤敌无数，并缴获大批辎重，史称万家岭大捷。

北路方面，7 月 24 日，日军第十一集团军第六师从安徽潜山向太湖进攻，至 8 月 3 日，先后攻占太湖、宿松、黄梅等地。中国军队展开反攻，一度收复太湖、潜山、宿松。但在日军的反击下，中国军队被迫向广济撤退，并在广济以东与日军展开激战，中方战死上千人。至 9 月 17 日广济、武穴相继沦陷。29 日，田家镇要塞失守，日军直逼汉口。

大别山麓方面，8 月下旬，日军第二集团军在安徽合肥集结完毕，20 日分南北两路进攻武汉。第五战区分别在六安、霍山地区，富金山、固始地区，商城、麻城地区，潢川地区，信阳地区组织防御，顽强阻敌。南路方面，在富金山至商城一带阻击战中，中国军队歼敌1000余人。在南打船店、沙窝地区，守军凭借大别山各要隘，顽强抵抗，激战多日，日军以伤亡4000多人的代价，才突破大别山地区防线，至10月25日，占领麻城。北路方面，日军第十师团于8月28日突破守军防线攻占六安后，强渡淠河和史河。9月6日，张自忠的第五十九军在潢川一带与敌激战多次，击退敌人的进攻。由于久攻不下，日军使用了化学武器，造成守军重大伤亡。18日，潢川西北之日军，又从息县分兵攻击罗山县城，切断了五十九军向西的退路。19日凌晨，张自忠下令趁夜向潢川西南方突围。五十九军孤军苦战12昼夜，以自身伤亡4000余人的代价歼敌3000余人，完成了阻击日军的战略任务。

为了策应武汉会战，日军于5月10日攻占厦门。9月又以3个师团组成第二十一军，10月12日在广东大亚湾登陆，21日攻占广州。

至此，武汉已被日军从东、南、北三面包围，为保存力量，国民政府军事委员会于10月24日下令放弃武汉，日军26日占领武昌、汉口，27日占领汉阳。

武汉会战，是抗日战争战略防御阶段规模最大、时间最长、歼敌最多的一次战役。武汉会战牵制了日军12个师团的兵力，前后历时4个半月，消耗了日军有生力量，国民党军事当局制订的"以持久之抗战争取我之时间"的战略方针初步得到了体现和实施，国民政府得以把沿江地区重要工业设施内迁至西部，为进行长期抗战奠定了物质基础。武汉会战结束后，中国抗日战争进入了战略相持时期。

战略相持阶段的战争特点是，日本已无力全面进攻，中国也无力全面反击，正面战场的局部争夺与对峙成为常态。但是，在这样的局部争夺与对峙过程中，正面战场仍然进行了多次影响战争全局的战役。以下择其主要的加以介绍。

桂南会战与昆仑关大捷

日军攻占武汉、广州、厦门后，于1939年又相继占领了汕头和海南岛，从而基本封锁了中国沿海交通线，此后，中国西南成为获取外援的重要通道。1939年秋，日军为切断中国西南补给线，决定发起桂南战役。

10月14日，日本大本营正式下达了作战命令，其内容为：中国派遣军与海军协调行动，切断中国之西南补给路线。同时，又调集第五师团、台湾混成旅团和海军第五舰队、海军第三联合航空队组成参战部队，共3万余人。11月15日，第二十一集团军司令官安藤利吉指挥日军在50艘舰艇、100余架飞机的配合下，从广西钦州湾登陆，随即分三路进攻，连陷防城、钦州，并向北推进。11月22日，日军强渡邕江，次日占领南宁。12月4日，又占领昆仑关，从而切断了从桂林经南宁和镇南关通往越南的国际交通线。为了夺回昆仑关，军事委员会火速从湖南、江西、广东、贵州等地紧急调集杜聿明等9个军15万余人南下作战。

12月18日凌晨，中国军队在100多架飞机和多门大炮的协助下分三路在南宁与昆仑关之间展开反攻。

战至中午，我军先后占领了昆仑关外围的金龙山、仙子山、老毛岭、414、600 等重要制高点。昆仑关东北及西侧之 653 高地、罗塘高地，敌我双方反复争夺，阵地多次易手，最终，守备高地的日军第五中队弹尽粮绝，全部被歼。20 日，第五军军长杜聿明命令第二〇〇师强攻昆仑关受挫。23 日，我军突入日军阵地与敌展开肉搏。24 日，我军克复罗塘高地，扼守高地的日军除 2 人被俘外，其余全部被歼。日军第五师团第二十一旅团增援昆仑关，被我军阻击于九塘东北枯树岭地区，日军少将旅团长中村正雄被击毙。被围困在昆仑关的日军不仅断粮，且弹药几乎用尽。29 日凌晨，第五军主力在炮兵和装甲车的配合下再次对昆仑关发动围攻，与日军在昆仑关隘口周围的崇山峻岭间展开激战。30 日，中国增援部队到达，相继攻占了同兴、界首及其东南各高地，打破了昆仑关日军的防线。31 日，第一五九师占领 653 西南高地，随即新编第二十二师攻入昆仑关，迫使日军向九塘方面退却。1940年 1 月 1 日，日军增援部队到达九塘，与我军形成对峙状态。1 月 28 日，日军发动反攻，至 2 月 2 日攻占宾阳，3 日再夺昆仑关，并相继攻陷上林、武鸣。但此时日军已经无力坚守阵地，为避免战线过长，日军开始回撤。中国军队乘势追击，先后收复宾阳、武鸣、昆仑关等地。7 月，日军攻陷龙州。9 月，日军第二十一集团军主力陆续进入越南。10 月，第四战区第十六、第三十五集团军（共 6 个师）乘势发起反攻，先后收复龙州、南宁、钦州。11 月 30 日收复镇南关。12 月 14 日，日军全部撤出桂南，历时一年的桂南战役结束。

昆仑关大捷是正面战场自武汉失守以来取得的一次重大胜利，也是抗战以来中国军队正面攻坚战的重大胜利。此役歼灭日军第二十一旅团旅团长中村正雄在内的日军 4000 余人，但我军也付出了沉重的代价，仅第五军就有 1.1 万余人负伤，5000 余人牺牲。

三次长沙会战

武汉会战后，中国第九战区所属的湖南一带成为抗击日军、屏障西南的前哨阵地。1939 年 8 月 15 日，日军第十一军决定发动赣、湘北部地区作战，消灭第九战区主力部队，以加强"在华中建立中央政权"的势头。为此，日军第十一军在司令官冈村宁次的指挥下，集中 10 万兵力，在赣北、湘北、鄂南三个方向，开始了对以岳阳至长沙之间为重点的中国军队的分进合击。中国第九战区以 16 个军 30 多个师共 40 万人的兵力，采取逐次抵抗、诱敌深入的作战方针，在湘、鄂、赣三省交界地区及长沙周围与敌周旋，第一次长沙会战爆发。

赣北方面，战斗从 9 月开始到 10 月结束，经过敌我反复争夺，日军未能推进。湘北方面，战斗也从 9 月开始到 10 月结束，日军消灭湘北中国军队和占领长沙的企图未能实现。在鄂南方面，战斗也进行了月余，到 10 月恢复了战前对峙状态。第一次长沙会战，中国军队采取运动战与阵地战相结合的方针，不仅极大地消耗了敌人的有生力量，粉碎了日军消灭第九战区主力的企图，而且保存了自己的主力和战略空间，是一次成功的战役。

为了进一步消耗日军，1939 年 11 月下旬，蒋介石召开第二次南岳军事会议，决定发动冬季攻势。各战区于 12 月上旬至次年 2 月，先后开始作战行动，在鄂北、豫南、粤北及鲁、苏敌后广泛出击，破袭敌人之交通线，袭击敌人防线，给日军以沉重打击。日军在冬季攻势期间死伤了 5～6 万人。这是武汉会战后，中国军队进行的第一次主动出击作战。

1941 年 6 月，苏德战争爆发后，日军为了尽快结束日中战争，在岳阳、临湘地区集结约 12 万人的兵力，在第十一军司令官阿南惟畿指挥下，准备再次攻击长沙，目的是打通粤汉线，消灭中国第九战区主力。为保卫长沙，国民政府军事委员会下令第三、第五、第六战区对当面日军发起攻击，以牵制日军集中兵力。第九战区由战区司令长官薛岳指挥，集中 12 个军 33 个师，一部在新墙河、汨罗江、捞刀河布防，一部在株洲地区机动，逐次抗击日军进攻，诱日军在汨罗江以南、捞刀河两岸歼灭之。此次战役从 9 月开始至 10 月结束，共进行了 33 天。

第二次长沙会战，据中方统计，日军伤亡 4.8 万余人，击落日机 3 架，击沉汽艇 7 艘。而中国军队伤亡也很惨重，据日方统计，中国军队遗弃尸体 5.4 万具，被俘 4300 人。

两个月后，太平洋战争爆发，日军为了打通粤汉线策应香港与南洋作战，第三次向长沙发动进攻。第三次长沙会战从 12 月 24 日开始至次年 1 月 15 日结束，共计 23 天，战场包括湖南、湖北和江西。

第三次长沙会战，中国军队伤亡将士 3 万余人，击毙日军 5 万多人，俘虏日军 139 名。第三次长沙会战最终以中国军队的胜利而告终结，同时也是太平洋战争爆发后盟国对敌作战的第一次大捷，在国际社会上也引起了强烈反响。

在战争相持阶段，除上述会战外，正面战场在华北、华中还先后进行了多次会战。其中，1939 年 3 月至 5 月的南昌会战，是抗日战争进入相持阶段后，中日军队在正面战场的首次交锋，由于中国最高指挥当局贻误战机，反而使日军首先发起攻击，同时战术上又犯了死拼阵地战的错误，导致南昌失守。中国军队战死 14354 人，受伤 17033 人，失踪 10565 人，伤亡惨重。[1] 1939 年 5 月的随枣会战，我军以伤亡 2 万多人的代价，毙伤日军 1.3 万余人，达到了牵制日军进攻，消耗日军有生力量的目的。1940 年 5～6 月的枣宜会战，中国军队以 3.7 万人的伤亡代价消灭日军 7000人，中国第三十三集团军总司令张自忠将军以身殉国。1941 年 1～2 月的豫南会战，共毙伤日军 9000 余人，使日军打通平汉铁路南段和解除中国军队对信阳日军威胁的战略意图未能实现，中国军队取得局部胜利。1941 年 3～4 月的上高会战，中国军队浴血奋战 26 天，以伤亡 9000 余人的代价，毙伤日军 1.5 万人，取得了会

---

[1]　张宪文主编《抗日战争的正面战场》，河南人民出版社，1987，第 168 页。

战的重大胜利。1941 年 5 月的中条山会战，前后历时一个多月，是整个抗战期间山西省境内规模最大的一次战役，此役中国军队伤亡 4 万余人，并有 3 万余人被俘，这些战俘中的大多数被日军送往日本充当了劳工。

正面战场的以上会战，各有胜负。虽然有些会战指挥失当，造成了失地与官兵的大量伤亡，但从总体上看，这些会战起到了逐次消耗日军有生力量的战略作用。

敌后战场的游击战争

配合友军作战

敌后战场是在日军正面推进线后方中日双方展开争夺的战场。这个战场，主要是由中国共产党领导的八路军、新四军、民兵和人民自卫武装来担当。不同于正面战场，敌后战场是以人民战争为总战略，以运动战、游击战、伏击战为主要战术与作战方式。在中国人民抗日战争过程中，敌后战场担负起了对日作战的重要战略责任，为中国人民抗日战争的最后胜利，起到了关键性的作用。

抗战爆发后，以毛泽东为首的中国共产党人全面、科学地分析中日战争的形势和敌、我、友三方的具体情况，认为：敌强我弱，中国在军事上单靠正面防御是不能打败日本的侵略的，还必须到敌人的后方去发动群众性的游击战争，与日军进行持久作战；同时由于敌小我大，日军兵力不足，必然导致敌人占领区域内有相当大的空虚地带，而广大乡村地带必是开辟抗日根据地的理想区域。

1937 年 8 月 22 日，中共中央在陕北洛川召开扩大会议，规定八路军的基本任务是建立根据地，发动人民群众开展独立自主的游击战争，牵制、消灭敌人，配合友军作战。在军事战略方面，确立了进行独立自主的山地游击战的战略方针。

8 月 22 日，国民政府军事委员会正式宣布红军改编为"国民革命军第八路军"，朱德、彭德怀任正、副总指挥，下辖以林彪为师长、聂荣臻为政治部主任的第一一五师，以贺龙为师长、关向应为政治部主任的第一二〇师，以刘伯承为师长、徐向前为政治部主任的第一二九师，共计 4.5 万人。9 月 11 日，国民政府军事委员下达命令将八路军改称国民革命军第十八集团军，但此后仍习惯称为"八路军"。

八路军改编完毕后即开赴山西抗日前线，1937 年 8 月 22 日，八路军第一一五师主力一部在陕西三原誓师出征，于 9 月中旬进抵晋东北五台、灵丘一带。9 月 3 日，第一二〇师主力亦由陕西富平县出发，随第一一五师北上抗日，于 9 月下旬进入晋西北宁武、神池一带。这时日军正向晋北推进。为了配合友军进行防御战，9 月 24 日夜，八路军第一一五师 3 个团冒雨在平型关设伏阻击日军。9 月 25 日拂晓，日军第五师团第二十一旅团一部携大批辎重车辆和军用物资由灵丘向平型关推进。7 时许，日军全部进入我包围圈，八路军迅速出击。日军毫无防备，顿时被打得晕头转向。我军乘敌混乱之际发起冲击与敌展开白刃战，并封闭了敌南逃之路。敌师团长板垣征四郎急令其在蔚县、涞源之部队向平型关增援，但被第一一五师独立团、骑兵营阻击于灵丘以北和以东地区，并在灵丘以东之腰站毙伤其300余人。

平型关一役，一一五师一举歼灭日军精锐1000余人，击毁日军汽车100余辆，马车200余，缴获大量枪支弹药和其他军需品，取得出师后第一个胜利，鼓舞了全国人民的斗志。蒋介石也致电表示祝贺。

10月，忻口、太原保卫战打响，八路军奉命配合友军"对增援之敌，负责阻止，对退却之敌，相机歼灭"，在敌之翼侧和后方打击与钳制敌人。到11月初太原失守为止，八路军同日军作战100余次，歼敌数千人，缴获大量武器弹药，并多次破坏敌人的交通线，有力地打击和牵制了日军，支援了国民党军队的正面作战。

开辟敌后战场

太原失陷后，在华北以国民党军为主体的正面战役即告结束，八路军也结束了配合友军进行正面作战任务而转入敌后，开展独立自主的游击战。

11月13日，毛泽东指示八路军前线指挥部，在敌后建立抗日根据地，独立自主地坚持华北游击战争。根据中共中央指示，八路军总部做出部署，规定各师除留一定数量野战兵团作战略机动外，主力即行转入创建山西抗日根据地的斗争：第一一五师一部以五台为中心，向察南、冀西发展，创建晋察冀边区抗日根据地，师部率第三四三旅向晋东南太岳山脉和晋西南昌梁山脉挺进，创建以吕梁山为依托的晋东南抗日根据地；第一二〇师依托管涔山，以晋西北为中心，伸向晋察绥边，在东、西两个方向上，同时挺进桑干河流域和大青山；第一二九师则以晋东南为支点，开展太行山脉的游击战争，并伺机向冀、鲁、豫平原地区发展，创建晋冀鲁豫抗日根据地。

八路军各部迅速挺进敌后，分别依托五台山、吕梁山、管涔山、太行山创建敌后抗日根据地。从1937年底到1938年上半年，第一一五师一部创立了晋察冀边区根据地，第一一五师师部则率第三四三旅创建了晋西南抗日根据地，第一二〇师创建了晋西北抗日根据地，第一二九师及第一一五师之一部创建了晋冀豫抗日根据地。

八路军力量的迅速发展，给华北日军造成了很大威胁。1938年3月初，日军集中1万余人进攻晋西北根据地，八路军第一二〇师与敌人激战一个多月，打退了日军的进攻。1938年4月初，日华北方面军调集重兵3万余人，由第一军司令官香月清司指挥，采取分进合击战术，由同蒲、正太、平汉铁路及邯长公路等沿线分9路进攻晋东南辽县（今左权县）、榆庄、武乡地区。八路军总部决定以一二九师一部兵力在地方游击队配合下，执行在内线消耗、疲惫、钳制敌人的任务，主力则跳出敌之合围圈，转至外线，寻机击敌。经过23天的战斗，我军共歼敌4000余人，收复县城18座，粉碎了日军的围攻。

9月中旬到10月下旬，日军集中3万余人向晋察冀根据地北岳区发动25路围攻，根据地军民采取灵活机动的战术，与日军作战 100 余次，歼灭日军 5000 余人，粉碎了日军对根据地的"围剿"。

在徐州会战和武汉会战期间，八路军为配合友军作战，在华北敌后频繁出击，牵制和打击日军。在武汉会战期间，八路军在华北作战 1000 余次，歼灭日军 2 万余人，缴获大量的军用物资，不仅有力地支援了国民党军进行的武汉保卫战，而且扩大了抗日根据地，形成了广阔的华北敌后游击战场。

在华中地区，1937 年 9 月 28 日，蒋介石接受叶挺根据周恩来的委托提出的建议，同意将 3 年游击战争中留在南方 8 省的红军游击队改编为新四军，叶挺任军长，项英任副军长，张云逸为参谋长，袁国平为政治部主任。1938 年 1 月，新四军军部在南昌成立，下辖 4 个支队共 1 万余人。

新四军完成改编后，迅速投入战斗。1938 年 6 月，陈毅率第一支队进入茅山一带，在镇江、句容、金坛、丹阳地区实施战略展开。张鼎丞指挥第二支队于 7 月进入敌后，在京芜铁路和京杭国道之间的江宁、当涂、溧水、高淳地区展开。谭震林率第三支队于 7 月进入皖南。高敬亭指挥第四支队开进皖中，先后开辟舒城、庐江、巢县、无为等地区。

为粉碎敌人打通津浦线连接华北、华中两个战场的战略企图，新四军先遣支队于 6 月 15 日冒雨到达南京与镇江之间的下蜀街，破坏南京至镇江的铁道，以阻京沪之敌，使日军的一列火车出轨。6 月 17 日又在镇江西南的韦岗伏击日军的车队，击毁日军军车 4 辆，毙伤日军少佐以下日军 20 多名，缴获了一批武器和军用物资。这是新四军挺进江南取得的第一个胜利。

新四军挺进大江南北后，至武汉失守止，连续进行战斗 280 余次，毙伤日伪军 3200 余人，俘虏 600 余人，击毁军车 180 余辆，毁掉桥梁 90 余座，给正面战场的中国军队减轻了压力，创造了打击和歼灭敌人的机会。

相持阶段的敌后游击战

日军占领武汉后，日本开始以确保占领区为基本战略。1938 年 12 月，日本大本营在《对华处理方略》中提出，"目前应以恢复治安为根本，其他各项施策均应以此相适应"，"除特殊需要外，不应企图扩大占领区，并且将划分为以确保安定为主的治安地区与以消灭抗日势力为之作战地区"。将华北与上海、南京、杭州三角地带划为确保的治安地区。"治安战"的主要目标是华北地区，特别是华北敌后抗日根据地。1938 年 12 月 22 日，日华北方面军在《方面军占领地区维持治安实施要领》中，明确把"讨伐"的重点指向八路军，提出要"摧毁共产党控制的地区"，对根据地进行残酷的"扫荡"作战。1938 年底，日本按照新的对华政策，增加了华北方面军的兵力。到 1939 年 2 月，日本已增派 3 个师团、5 个混成旅团到华北，使华北方面军的总兵力达 11 个师团、6 个混成旅团、1 个骑兵集团，以加强华北的"治安战"。

1938～1940 年，日军对晋察冀抗日根据地进行了长时间的大规模的"扫荡"，根据地军民英勇抗战，多次粉碎了日军的疯狂进攻，巩固并扩大了晋察冀抗日根据地。1938 年 11 月至 1939 年 1 月，日军 3 万余人连续两次向冀中根据地发动"扫荡"作战，八路军多次打退日军的进攻。1939 年 4 月下旬，一二〇师主力部队以优势力量在河间齐会地区击溃日军第二十七师团一部，歼敌 700 余人，取得了齐会之战的重大胜利，粉碎了日军对冀中的"扫荡"。

5 月，日军向五台山抗日根据地发动春季"扫荡"。王震率领一二〇师三五九旅旅部和第七一八团，利用日军孤军深入，在神堂铺和上、下细腰涧伏击日军，给敌人以重创。从 5 月到 6 月，根据地军民歼敌1000 余人，击溃了日军的春季"扫荡"。

9 月，日军 1500 人奔袭晋察冀边区后方机关所在地陈庄。八路军将日军分割包围，29 日，向日军发动了总攻，歼敌 1200 余人，取得了陈庄战斗的胜利。

10 月，日军 2 万余人再次向晋察冀根据地北岳区发动冬季"扫荡"，企图消灭八路军主力。晋察冀军区和八路军第一二〇师，分别在河北省涞源县东南的雁宿崖、黄土岭地区设伏，两次战斗歼敌 1500 余人。在黄土岭伏击战中，八路军击毙了日军中将阿部规秀，日华北方面军司令官多田骏哀叹道："名将之花，凋谢在太行山上。"此次日军冬季"扫荡"，历经 43 天，八路军与日军作战 108 次，歼灭日军 4000 余人，俘伪军2000 余人，缴获大量枪支弹药。

1940 年夏，为了打破日军对华北抗日根据地的疯狂"扫荡"和严密封锁，解除抗日根据地发展所受到的严重威胁和抗日军民面临的困难境地，以争取全国抗日战局的好转，八路军前方指挥部决定在华北敌后发动大规模的交通破袭战。8月8日，前方指挥部下达战役行动命令：以晋察冀军区主力10个团破袭正太线平定至石家庄段，重点在娘子关至平定段；第一二九师以主力8个团附总部炮兵团1个营，破袭正太线平定至榆次段，重点为阳泉至张净镇段；第一二〇师以4～6个团破袭同蒲路平遥以北及汾阳、离石公路，以重兵置于阳曲南北阻敌向正太线增援。还要求各部派出兵力对本区范围内敌占铁路和重要公路封锁线进行袭击以配合作战。8月20日夜，八路军各参战部队同时发动破袭战，日军通信、交通均陷于瘫痪。随着战斗的展开，八路军参战部队陆续增加到105个团，约20万人，故史称"百团大战"。12月5日战斗结束。百团大战历时3个半月，是抗日战争中八路军在华北地区发动的一次规模最大、持续时间最长的战略性进攻战役。此役，八路军作战1800余次，以伤亡1.7万余人的代价，毙伤日伪军约3万人，俘日军280余人，俘伪军1400余人，拔除敌据点2900多个，破坏铁路474公里，公路1500余公里，桥梁、火车站和隧道260多处，缴获各种炮50余门，各种枪械5800余支。百团大战严重地破坏了日军在华北的主要交通线，收复了被日军占领的部分地区，沉重地打击了日军，有力地配合了正面战场作战，同时也鼓舞了全国军民抗战必胜的信心，提高了中国共产党和八路军的声威，成为中华民族抗日战争史上光辉的一页。蒋介石在给八路军的嘉奖电中称："贵部发动百团大战，不惟予敌寇以致命打击，且予友军以精神之鼓舞。"

在华中，新四军按照中共中央要求的"迅速发展游击战争"的方针，先后成立了江北、江南两个指挥部，开辟华中敌后游击战场。

1939 年 4 月，新四军第一支队一部突进上海近郊，夜袭虹桥机场，火烧了日军 4 架飞机，震动了整个上海和京沪沿线日军，之后该部开辟了苏常太和澄锡虞抗日根据地。6 月，新四军第一支队一部夜袭苏州西北的浒墅关车站，全歼守敌，烧毁车站，炸断铁轨，使京沪铁路 3 天不能通车。之后，第一支队二团一部渡江北进至扬州以东的仙女庙、大桥地区，建立了江北大桥地区阵地。第一、二支队主力则以茅山根据地为依托，连续出击 11 次，开辟了以茅山为中心，西起京芜路，东至苏常太，北达长江沿岸，南抵高淳溧阳一线的苏南抗日根据地，与此同时，新四军第三支队在皖南进行了繁昌城保卫战，毙伤日军近千人。第四支队和第五支队（新建）挺进到淮南津浦路两侧，于 12 月下旬与日军 2000 余人激战 3 天，毙伤日军 160 余人，收复了周家岗等地，开辟了豫皖苏边区。

从武汉失守到 1940 年底，新四军与敌作战 2400 余次，歼灭、俘虏日伪军 5 万余人，新四军由 2 万余人发展到 9 万余人。①

---

① 张宪文主编《中国抗日战争史（1931～1945）》，南京大学出版社，2001，第 710 页。

在华南，中共东江特委和东江军事委员会发动群众建立广东人民抗日游击队，积极在东江、珠江地区开展游击战争，建立抗日根据地。

到 1940 年底，中国共产党领导的八路军、新四军和其他抗日武装，由 1938 年的 18.17 万人发展到 50 万人，抗日根据地（包括游击区）总人口约 1 亿人。

克服严重困难，巩固和发展敌后抗日根据地

1941～1942 年，中国共产党领导下的敌后抗日根据地进入了异常困难的阶段。在此期间，日军集中其三分之二以上的在华兵力，对抗日根据地军民进行疯狂的"扫荡"、"清乡"和严密的"封锁"。1941 年 1 月国民党发动皖南事变便新四军遭受重大损失，同时停拨中共抗日军队的一切军饷供给。此期间，华北抗日根据地还连续发生了严重的自然灾害。

从 1941 年初开始，日军对华北抗日根据地连续发动了三次"治安强化运动"，太平洋战争爆发后，日军更加频繁地对华北根据地进行"扫荡"，曾创造了一个月内"扫荡"作战达 1682 次，平均每天有 50～60 次之多。[①] 日军在"扫荡"中实施了残酷的烧光、杀光、抢光的"三光政策"，使根据地军民遭受重大损失。在华中，日军对江南抗日根据地进行了两次大规模的"清乡"。

在日、伪、顽各种反动武装的夹击下，根据地的面积缩小，人口由 1 亿人左右下降至 5000 万，中共领

---

① 日本防卫厅防卫研究所战史室：《战史丛书 50·华北的治安战 2》，东京，朝云新闻社，1971，第 37 页。

导下的抗日武装力量也由 50 万人减至 40 万人。

面对严重困难，中国共产党采取了一系列巩固根据地的措施。在政治上进行了整风运动，提高全体党员和干部的思想觉悟，增强党的战斗力。在经济上，开展大规模的生产运动，并提出了"自己动手，丰衣足食"的口号，同时大力进行根据地民主政权建设，不仅克服了严重的自然灾害，而且粉碎了敌人的经济封锁，为巩固敌后抗日根据地，奠定了物质基础。

在军事方面，中国共产党领导的抗日军队进行了顽强的反"扫荡"、反"清乡"斗争。1941 年，日军对华北根据地进行的千人以上的"扫荡"达 69 次，万人至 7 万人的"扫荡"达 9 次。① 1942 年，日军对华北根据地的万人至 5 万人的"扫荡"达 15 次之多。② 但是在八路军的英勇抗击下，日军并没有达到扫灭抗日根据地的目的。

在 1941 年的反"扫荡"作战中，晋察冀北岳区、平西区军民共作战 800 余次，毙伤日伪军 5500 余人，在战斗中涌现了许多英雄事迹。如第一军分区第一团第七连掩护指挥机关和群众转移后，留下第六班与敌周旋，掩护连队撤退。战士们把敌人引向狼牙山的主峰棋盘峰，连续打退敌人 4 次冲锋，毙伤敌军 90 余人。最后，全班仅剩下的马宝玉、胡德林等 5 人在弹尽粮绝又无退路的

---

① 军事科学院军事历史研究部：《中国抗日战争史》下卷，第 73 页。

② 军事科学院军事历史研究部：《中国抗日战争史》下卷，第 79 页。

情况下，誓死不当俘虏，跳下悬崖。马宝玉、胡德林、胡福才壮烈殉国。葛振林、宋学义落在树丛上负伤被救。马宝玉等 5 人后被誉为"狼牙山五壮士"。

1942 年 5 月 1 日，日华北方面军司令冈村宁次亲自乘坐飞机指挥日军，对冀中平原抗日根据发动了"五一大扫荡"。冀中军民创造性地开展了各种形式的游击战，如地道战、地雷战、麻雀战、围困战、破袭战等，打得敌人顾此失彼。在 2 个多月的反"扫荡"战斗中，八路军共歼灭日伪军 1 万余人。

1942 年 2 月 2 日至 3 月 4 日，日华北方面军采用"分进合击"、"双重包围"、"张网捕鱼"等战术对太行、太岳区发动"扫荡"。根据地军民采取"坚壁清野"，将粮食等物资埋藏起来，以配合主力部队对日军的反"扫荡"。在根据地军民的联合打击下，日军被迫退出太行区。在这次反"扫荡"中，太行、太岳军民共毙伤日伪军 3000 余人。

5 月到 6 月间，日军对太行、太岳抗日根据地又发动大规模的"铁壁合围"。5 月 19 日，日军集中第三十六师团等部共 2.5 万余人，"扫荡"太行北部八路军总部和中共北方局所在地区。我军主力及时转移到外线，机关和部队在彭德怀、左权的指挥下与敌激战，从西、南、北三面突出重围，歼敌 300 余人。但左权副参谋长不幸牺牲。

在华中地区，太平洋战争爆发后，日军集中 11 万日军和 15 万伪军，对华中抗日根据地进行了持续不断的"扫荡"、"清剿"和"清乡"。面对日军的进攻，中共中央中原局和新四军军部下达了坚持华中敌后抗战，加强根据地各项建设的任务。苏中、淮南、淮北等根据地对敌展开了长期的反"扫荡"、反"清乡"斗争，取得了一系列重大胜利。

1941 年 1 月，日军第十二独立混成旅向黄桥以南地区"扫荡"，为了打击日军，新四军第一师发起讨伐伪军李长江的战役，先后取得姜堰（今泰县）和苏陈庄战斗胜利，并攻克了泰州。7 月 20 日，日伪军 1.7 万人合击盐城，企图围歼新四军领导机关。新四军各部采用阻击、袭击、伏击等手段，先后取得东沟、益林、湖垛战斗的胜利，新四军主力在苏中地区发起攻势，先后攻克蒋垛、黄桥、古溪、季家市等据点，歼灭大量日伪军，并收复了阜宁、东沟、益林、大中集等重要集镇，迫使扫荡苏中的日军撤回。在 1 个多月的反扫荡作战中，新四军共作战 130 余次，歼灭日伪军 3800 余人，击沉日军汽艇 30 余艘。① 在苏北、苏中根据地反"扫荡"的同时，淮南、淮海、淮北、鄂豫边以及华南等抗日根据地军民也取得了反"扫荡"的胜利。

至 1943 年底，华北、华中、华南根据地军民取得了一系列反"扫荡"、反"清乡"斗争的胜利，消耗了日军的有生力量，根据地逐步得到恢复与发展，解放区人口上升到了 8000 多万，抗日武装力量上升到 50

---

① 军事科学院军事历史研究部：《中国抗日战争史》下卷，第 95 页。

万人，为 1944 年的局部反攻奠定了基础。

从 1944 年开始，八路军、新四军和根据地广大军民开始向日军发动攻势。至 10 月，晋察冀军民共攻克日伪军据点 1500 余处，不仅恢复了 1940 年前的根据地，而且发展了平西、平北、冀东根据地。5 月，在晋冀鲁豫边区，八路军发动昆张战役，摧毁日伪据点 50 余个，并攻入清丰县城。6 月，八路军在鱼台、单县、丰县、沛县发动反攻，攻克日伪据点 90 余处。8 月至 9 月，八路军发动军城战役，歼灭伪军近 3000 人。9 月，边区部队挺进豫西，创建了豫西抗日根据地。到 1944 年底，晋冀鲁豫边区军民共收复国土 20 余万平方公里，解放人口 500 余万，扩大了根据地。在晋绥边区，1944 年 8 月至 9 月，边区军民发起秋季攻势，攻克日伪据点 48 处，歼灭日伪军近 2000 人。在山东根据地，八路军和民兵发起对伪军的一系列反攻，先后击溃伪军吴化文部和荣子恒部。8 月，边区军民又分别发起沂水战役、利津战役，歼敌数千人。

在华中，新四军第一师于 1944 年 3 月发起车桥战役，歼灭日军 460 余人，伪军 480 余人，攻克碉堡 53 座，控制了淮安、宝应以东全部地区，沟通了苏中苏北根据地的联系。随后，第三师在淮海地区，第四师在淮北，第五师在鄂豫，第六师在苏南，第七师在淮南，均进行了局部反攻。在局部反攻战斗中，新四军共歼灭日伪军 8.2 万余人，攻克日伪据点 670 余处，使日军侵占华中的大部城镇、交通要道和沿海地区，处于解放区军民的包围之中，从而形成了对日军进行战略反攻的有利形势，为顺利进行全面反攻准备了条件。

在华南，1944 年，东江纵队在港九铁路展开破袭战，到年底共歼灭日伪军 2600 余人，东江根据地扩大到东起惠阳、西到三水的广大地区。

1944 年底，遵照中共中央发出的"扩大解放区，缩小敌占区"的指示，各解放区分别于 1945 年初发动了春季和夏季攻势，抗日游击战争逐渐向抗日正规战争过渡，运动战和攻坚战显著增多。抗日军民的春季攻势取得了重大胜利，共歼灭日伪军 16 万余人，把日伪军进一步压缩到大中城市和交通要道附近，使敌占区不断缩小，为全面反攻创造了条件。

抗日战争时期，中国共产党领导的八路军、新四军及各种人民武装，在敌后战场上对敌作战大小战斗共达 12.5 万次，最多时投入兵力达 90 多万正规部队和 200 多万民兵，担负着抗击一大部分侵华日军兵力的作战任务。另据统计，在抗日战争 8 年间，敌后战场中共军队损失合计 58.3 万人，其中牺牲 16 万人，负伤 29 万人，被俘 4.6 万人，失踪 8.7 万人。中国共产党领导的抗日武装力量，为中华民族的抗日民族解放战争的最后胜利作出了巨大贡献。

3 国共两党的对日情报战

抗战期间，为了相互刺探对方的兵力部署、军事动态、战略方针等情报，中日双方都展开了激烈的情报战。

全面侵华战争前夕，日本曾派出千余人潜入中国，进行非法测绘。后来中国发现，侵华日军使用的军用地图，竟然比中方的军用地图还要精确，重要地段的一棵树、一间房，都记录得一清二楚。全面侵华战争爆发后，中日之间的情报战随即展开。1937 年 8 月淞沪会战开始后，为了刺探中国统帅部对日作战的兵力动员和配备等情况，日本华北特务机关长松室孝良派助手南本实隆少将潜赴上海搜集情报。南本到上海后，找到自己在日本士官学校的同学、时任国民党军统苏浙行动委员会别动队参谋长的杨振华，以金钱相诱惑，希望杨振华能够提供有关中国军方的重要情报。得知这一消息后，戴笠决定派军统驻上海办事处长兼苏浙行动委员会人事科科长文强除掉南本。文强化名李文范，冒充国民党元老李烈钧之子，以国民党军事委员会少将高级参谋的身份由杨振华引荐给南本。双方见面后，南本表示以数百万元报酬换取中方情报。文强将计就计，向南本提供了假情报。南本进而提出暗杀宋子文的要求。戴笠决定以商量谋杀宋子文计划为诱饵，除掉南本等人。后由于日军已从金山卫登陆，南本提前撤离，暗杀计划未果。

在南本案发生的同时，与川岛芳子齐名的日本女间谍、号称"帝国之花"的南云造子潜入上海，以金钱和女色收买了国民政府行政院机要秘书黄凌父子。8 月 5 日，黄凌以其特殊的身份，将最高军事委员会做出的封锁江阴要塞江面，袭击在长江上游的日本军舰和商船的绝密情报出卖给了日方，使得日本军舰和商船在国军封江前就顺利逃脱。黄凌又将蒋介石将乘坐英国驻华大使寇尔的专车由南京赴上海的消息出卖给日本特务，所幸蒋临时改变了行程才侥幸逃过一劫。8月底，在黄凌的协助下，2名日本特工潜入中央军校，企图刺杀正在"总理纪念周"上发表演讲的蒋介石。2名特工的行踪被保卫人员及时发现，乘混乱之机，2名特工乘坐黄凌的汽车逃走。几次泄密事件，嫌疑集中到黄凌身上，国民政府首都警备司令部专门从事对日反间谍工作的外事组设计逮捕了黄凌父子及其手下的汉奸，并将之处死。

面对日本的情报战，国民政府针锋相对，加强了对日本的情报搜集工作。九一八事变爆发后，为了国防军事的需要，国民政府开始着手建立防空情报网。1935年9月，中央航空学校与戴笠特务处合作，准备建立防空情报电台网，目的是建立宁、沪、杭地区的防空预警机制。11月，中央航空学校防空总台建立，王允吉任总台长，在杭州湾外花鸟山建立了防空监视分台，次年改组为航空委员会防空总台，设于南京小营，陈一白为总台长，杭州改为分台，同时增设东南沿海及滁州、徐州、海州、温州分台，并举办防空训练班，培养航空情报人员。

国民党在战前建立的防空情报网，在淞沪会战中显露作用。八一三事变的第二天，日本飞机18架袭击上海，当日机升空后，设于温州及花鸟山的防空情报网即发现了日机的行踪，中国战机立即起飞拦截，击毁日机 3 架。15 日，日机 15 架轰炸南京，又被我空军击落 6 架，击伤 1 架。武汉会战后，为了保卫西南大后方，国民党又在武汉、重庆等地设立防空情报网，侦察敌机情报，提供防空预报，以减少因日机轰炸而造成的伤亡。

国民政府的对日情报工作，主要由以戴笠为首的国民政府军事委员会调查统计局（简称军统）第二处担任。1938 年 9 月，第二处升格为"国民政府军事委员会调查统计局"，仍由戴笠负责。武汉会战前夕，遵照蒋介石的指示，戴笠开始在浦口－信阳，郑州－信阳、南阳－许昌等地沿铁路重点市乡及机场附近，建立情报网与电台。戴笠在武汉成立了"随节办事处"，由唐纵主持，负责搜集情报。又派李叶任华北办事处主任，2 个月内在河南建立了 16 个情报组与秘密电台。戴笠本人则亲自坐镇芜湖上游长江沿线的特工网。

在一切情报工作中，国民政府的密码破译取得了显著成绩。抗战爆发后，国民党中统、军统、交通部电政司、军委会机要室等纷纷设立电台，招募人才，开展工作。1940 年 4 月，蒋介石将军委会密电研究组、军委会机要室密电股、军委会密电检译所、军统特种技术研究室、军政部研译室合并，组织成立国民党军事委员会技术研究室（简称军技室）。这些机构多次破译了日本外务省拍发到世界各地的密电，并破获了许多日本其他方面的重要密电。其中极为重要的是破获日军袭珍珠港的情报。

从 1941 年 5 月起，军技室相继破获了日本外务省与驻夏威夷首府檀香山总领事馆之间的往来密电六七十份。这些密电显示了日本对美国在珍珠港舰队的高度关注，其内容包括停泊在珍珠港内的美军舰艇的总数、停泊位置及进出港的时间、珍珠港内美军官兵上岸和下海的时间和规律、星期天美军官兵休假的起止时间、夏威夷的气象情况等。通过对大量情报的分析，中方判断日本军队将有一次很大的军事行动。12 月 3 日，军技室又破译了日本外务省致驻美国大使野村的一份密电，根据情报内容，判断日军正准备向太平洋地区运动，有袭击美国珍珠港的迹象。军技室迅速将该情报送交蒋介石，蒋介石立即通知美方，但该情报未能引起美国重视。几天后，日本突袭珍珠港，美国太平洋舰队遭到毁灭性的打击。

另外，1943 年中国方面曾破译一份无限日文密码电报，得知日本海军大将山本五十六乘飞机赴南洋的时间。这份密电被军技室译出后即报蒋介石，转知驻渝美方。罗斯福总统亲自做出"截击山本"的决定，并命令驻瓜乌韩德逊机场的美军指挥官马克·米尔其海军少校派出战斗机空中伏击。4 月 18 日，山本乘坐中型轰炸机，由 6 架战斗机护航飞往南洋。美军 16 架战斗机在布干维尔岛上空截击命中山本座机，同机 11 人全部身亡。

在密电破译方面，国共两党还进行了相互合作，为了帮助国民党尽快找到日军密码、变换密码的规律，中共曾将八路军所获的三种日本陆军双重密码电报本，交给了国民党军委会技术研究室，从而使国军掌握了日方密电的规律和特点。

国民政府情报部门还与苏联、美国、英国等情报部门进行合作。1938 年 7 月成立中苏情报合作机构"技术研究所"。[1] 太平洋战争爆发前，英国特工部门成立了一个专门的机构 SOE（Special Operation Executive，特别行动执行部），与中方的特工组织进行合作，并在重庆派驻了代表，任务是由英国出资并配给装备，训练出一支中国别动队，用于对日开展骚扰、牵制作战，并在敌后开展破坏、游击和情报战。太平洋战争爆发后，蒋介石命令中统与 SOE 进行合作，搜集马来亚、缅甸等地区的日军情报。[2] 与美国方面，1943 年 7 月，美国海军参谋部情报署与军统合作成立了中美合作所，其宗旨为"在中国沿海与中国沦陷地区，及其他日敌占领区，打击中美共同敌人"。从 1944 年 4 月至战争结束，共获得气象情报 8 万多件，这些情报为美军轰炸台湾与空袭日本提供了气象服务。在破译敌方电讯方面，1944 年 9 月至次年 8 月，共向美方提供了 11 万件情报，美方据此击沉日方军舰 25 艘以上，并在 1945年 1 月 7 日美军大举空袭日军澎湖、琉球海空军基地时，击沉日军战舰 83 艘，炸毁敌机 210 架，给日军以毁灭性的打击。[3]

① 马振犊：《抗战初期中苏情报合作内幕初探》，《抗日战争研究》2003 年第 3 期。
② 马振犊、邱锦：《抗战时期国民党中统特工的对英合作》，《抗日战争研究》2006 年第 3 期。
③ 马振犊：《国民党特务活动史》，九州出版社，2008，第 477～478 页。

抗日战争时期，日军也建立了专门针对敌后根据地的情报特务机构。在每次进行大的战役行动前，日本特务或化装成商人、小贩，潜入根据地，或收买汉奸，刺探情报。针对日军的情报战，中共首先发动广大群众，建立群众性的反情报网，在各抗日根据地，从县到乡都建立了锄奸部（科），并经常对广大群众进行防奸防特教育，每个村庄的人员通行必须有抗日政府的路条，设置岗哨，查验路条。广大群众还自觉地成为抗日武装的情报人员，他们利用各种机会，比如打柴、放牛、走亲戚、做买卖时留心日伪军动向，及时把情报反映给八路军、新四军。

另外，中共也在沦陷区建立隐蔽战线，打进敌伪内部，开展对日伪的情报战，先后在华北、华中、华南以及重庆等地建立了情报组织。这些情报组织，通过不同的情报网络，搜集敌方情报，为抗日战争的胜利作出了重要贡献。

台儿庄战役前，中共情报部门获得日军进攻台儿庄的作战计划后，即将情报交给李宗仁。台儿庄战役胜利之后，李宗仁专门发电表示感谢。

1939 年，中共中央社会部成立，任命潘汉年为副部长，负责在上海、香港等地领导对日伪的情报工作。在他的指示下，中共党员关露打入汪伪李士群的"76号公馆"，袁殊打入日特"岩井机关"。太平洋战争爆发后，根据斗争需要，潘汉年决定亲自打入汪特工总部。1942 年 2 月的一天，潘汉年由袁殊陪同，来到上海愚园路 1136 弄李士群的家，与李士群直接见面。2

个月后，李士群提供了敌伪即将对苏北根据地新四军军部驻地进行"扫荡"的有关军事行动的计划。潘汉年及时把情报报告给新四军总部，从而粉碎了日伪的这次"扫荡"计划。

潘汉年在上海，还积极引导日本进步青年，为中共从事情报工作。通过"日支斗争同盟"等渠道，得到了日本御前会议记录、大本营"扫荡"作战计划等重要情报及汪精卫政权的许多绝密情报。

通过在上海、香港建立的各种情报网，潘汉年先后获得了许多重要的国际情报。如1939年英法企图牺牲中国对日妥协的远东慕尼黑活动的情报，根据这些情报，毛泽东写下了《揭破远东慕尼黑的阴谋》的党内指示。又如，1941年11月，在国民党军技室破译日军发动珍珠港事变密电的同时，中共情报部门也从满铁绝密通报中分析认为日本将袭击珍珠港，并预测了袭击时间，潘汉年及时将该情报通过国民党军统，转给美国情报部门。

在重庆，中共建立了以阎宝航为首的情报网。在德国进攻苏联前，阎宝航得知德军即将进攻的情报后立即向周恩来作了汇报。中共向苏联通报德军进攻的准确日期。斯大林特意给中共发了一封感谢电报："感谢你们提供了德国进攻的情报，使苏联提早进入战备。"1944年夏，阎宝航在重庆从国民党军委第三厅获得了关于日本关东军在中国东北等地布防的绝密情报后速报中共驻重庆代表团，然后通过延安转报苏联。阎宝航提供的情报，为苏联军队出兵东北提供了帮助。

1995 年，世界反法西斯战争胜利 50 周年，鉴于阎宝航在"二战"中在情报战线的重大贡献，俄罗斯总统叶利钦签署命令，把三枚卫国战争纪念章授予阎宝航和他领导下的情报人员阎明诗、李正文。

4　两个战场的变化对中国抗日全局的影响

中华民族的抗日战争并不是任何党派发动的战争，而是全民族一致对外的战争。除了共产党的努力外，国民党的努力，民主党派的努力，各阶层人民的努力，都是中华民族最终战胜日本而获得解放的重要因素。日本帝国主义的侵略使中华民族受到了亡国灭种的威胁，正是由于外患当前，才使得中华民族产生了空前的凝聚力。事实上，抗日战争开始后，中国共产党虽然以全部力量投入这场伟大的民族解放战争，由于共产党在连续 10 年的内战中一直处于被围剿的地位，其领导的红军改编成八路军和新四军的时候不到 4 万人，因此它在战争初期不可能成为抗日的军事主力；而国民党军队在全面抗战爆发时已经完成了 180 多个师的整编，兵力近 200 万人，因此它责无旁贷地担当了抗击敌人进攻的军事主力。当时两党军队的分工十分明确，国民党军队负责正面战场作战，共产党军队负责侧后协同作战。随着战争的深入，共产党又独立开辟了敌后战场，并且在这个战场发挥了至关重要作用。于是，中国的抗日战场就形成了正面与敌后两个部分。

两个战场的关系是相互配合和相互支持的关系。从战争全局来看，正面战场最初的作战，为敌后战场的开辟创造了条件；而敌后战场的开辟，又为正面战场的坚持创造了条件。中国能够坚持8年抗战而最终战胜敌人，离不开任何一个战场的努力。

　　两个战场的基本关系也正如毛泽东、朱德所说："八路军的这些成绩从何而来？……其中友军的协助是明显的，没有正面主力军的英勇抗战，便无从顺利地开展敌人后方的有机战争；没有同处于敌后的友军的配合，也不能得到这样大的成绩。八路军的将军应该感谢直接间接配合作战的友军，尤其应该感谢给予自己各种善意援助与忠忱鼓励的友军将士。"但是，"如果没有解放区战场，又没有解放区战场这种与敌人相持的战争，如果解放区战场的战争不能在最困难的条件下长期坚持下来，那么敌人就会继续长驱向西南、西北进攻，而国民党的反人民的政治机构及其军队，则又必然招架不住，那就不会有什么相持阶段，抗日战争的局面早已是不堪设想的了"。

　　事实证明，8年抗战期间，正面战场担负着大规模地对日军正规作战任务，抗击着日军猛烈的军事进攻。战争初期，作为主要战场的正面战场在抗击日军的侵略中发挥了重要作用，粉碎了日军在3个月中灭亡中国的战略计划和"速战速决"的方针，沉重打击了日军的气焰，鼓舞了全国人民的抗战士气；同时，也从战略上掩护了敌后战场的开辟，支援了敌后战场的游击战争。正面战场在抗战初期采取的"以空间换时间"

的方针，为西南大后方抗战基地的建立起了积极的作用。在战略相持阶段，日军虽然减轻了对正面战场的进攻，但国民党军队仍然与日军进行了多次会战和战斗，牵制和打击了近40%的日军主力，在战略上仍然有不可忽视的作用。

而中国共产党领导下的敌后战场，在极端困难的环境与条件下，以游击战和有利条件下的运动战的方式，在敌人后方与日军展开长期的艰苦的斗争。据不完全统计，仅在战略防御阶段，八路军、新四军，共与日寇作战1600余次，歼灭敌人5.4万余人；1938～1943年的5年中，作战6.2万余次，歼灭日伪军59万余人，粉碎日军"扫荡"、"清乡"280余次；在1944年一年中，作战2万余次，歼灭日伪军30余万人。敌后战场的这些战斗，牵制了大量日军兵力，捆住了日军的手脚，不仅打破了日军"速战速决"的战略计划，同时在战略上有力地配合了正面战场的作战，减轻了日军对正面战场的压力，为稳定抗日全局起了重要作用。敌后战场军民的英勇斗争，极大地改变了敌我力量的对比，缩小了日军占领区，壮大了抗日力量，将日军拖入人民战争的汪洋大海中而无法脱身，为战略反攻创造了条件。

在不同的战争阶段，两个战场的作用又显然有别。一般来说，在抗日战争战略防御阶段，正面战场的作战与战争全局密切相关，作战得失直接影响战争时空的变化。因此，在这个阶段，正面战场的作用明显大于敌后战场。而当战略相持阶段到来的时候，日军已无力在短期内继续做正面推进，而中国军队在战争防御阶段的消耗又使其无法在短期内做收复失地的反攻。这个时候，决定战争胜负的一个重要条件就是敌我力量各自消耗与积累的拼比，而敌后战场则成为了这种拼比中的重要战场。敌后战场不仅在战争中积累了中国的抗日力量，也大量消耗了日军的有生力量。因此，这个阶段，敌后战场能否坚持，对整个战争全局起到了至关重要的作用。

据相关研究，在 8 年抗战过程中，正面战场与敌后战场抗击和牵制的日军兵力大体相当，因此可以说，中国的抗日战争，少了哪一个战场，其后果都是极其严重的，正面战场与敌后战场，在中国人民抗日战争史上，具有同样的历史地位与伟大作用。

六　侵略者的加害罪行

日军的屠杀罪行

在侵华战争期间，日本军队对中国人民犯下了史无前例的屠杀罪行。其中以南京大屠杀最为典型，1937 年 12 月 13 日，日军攻陷南京。此时，尽管日军最终占领了南京，但速战速决的战略计划显然已经成为泡影。本以为很快就可以结束战争的日军士兵，现在不得不放弃回家的念头。面对战争的胶着状态，狂躁不安的情绪在日军内部不断蔓延，军纪迅速败坏。为了提高军队的士气，侵华日军的指挥机构便默许其官兵对中国军民的种种暴行。其实，早在南京大屠杀之前，在日军在从上海向南京的进攻途中，所到之处，无论是城市还是乡村，每天都有大量烧杀抢掠的事件发生。1937 年 11 月 13 日，日军向常熟县城进犯，其先头部队沿途烧杀抢掠。仅吴市一带，被日军杀害的百姓就有 571 人，被奸污的妇女达 374 人。11 月 23 日，进犯无锡东亭的日军杀害村民 1821 人，强奸妇女

504 人。①

由于中国军攻当局的指挥失误，致使大量中国军队士兵未能从南京撤退，虽然他们对日军进行了顽强抵抗，但多数人成了日军俘虏。按照国际法，对于放下武器的俘虏应该保证其生命安全。但日军公然置国际法于不顾，从最高司令到下级军官都层层下达了杀俘令。日本华中方面军司令官松井石根亲口命令对战俘"纪律肃正"，即屠杀。天皇的叔叔、继松井石根之后担任上海派遣军司令官的朝香宫鸠彦王也曾签署"杀掉全部俘虏"的命令。日军第十六师团长卢岛今朝吾在 12 月 13 日的日记中写道："基本上不实行俘虏政策，决定采取全部彻底消灭的方针。"中岛当天日记还记录了这样的暴行："今日中午高山剑士来访，当时恰有七名俘虏，遂令其试斩，还令其用我的军刀试斩，他竟出色地砍下两颗头颅。"可以看出，随意杀害俘虏已经是从日军上层到士兵的普遍暴行。而所谓的俘虏，其中也包括了更多平民。屠杀从日军占领南京一直持续到次年 3 月，又以最初 6 个星期内屠杀最为严重。

南京大屠杀是以集体屠杀为主要手段。南京的中山码头、煤炭港、草鞋峡、燕子矶、三汉河等地均成为日军的屠场。当年曾亲自参加南京大屠杀的原日军士兵的日记保留了大量的屠杀证据。原日本陆军下士

---

① 章伯锋、庄建平主编《血证》，成都出版社，1995，第 232、233 页。

栗原利一在笔记中记录了日军在长江边一次杀害 1.3 万余名中国军人的暴行。栗原写道："12 月 17 日或 18 日，从午后开始，将中国人反绑双手连成一串，押送到长江边。本来上级说把俘虏押送到岛上去，可突然又下达了射击的命令。枪杀大约持续了 1 小时。俘虏为了躲避平射而来的枪弹，纷纷趴在已死的尸体上，结果形成了尸山。"仅据当时参加过南京大屠杀的原日军第十三、十六、九、一一四师团及第六师团第二十三联队部分士兵的日记记载，有据可考的上述师团屠杀的俘虏数目高达 5.8 万人左右。

当时在南京的外国人也亲眼目睹了这场恶魔般的屠杀。南京国际安全委员会委员、金陵大学非常委员会主席贝德士博士在战后远东国际军事法庭作证时曾指出："大批中国士兵在交出武器投降后，于最初 72 小时内，即在城外被机枪扫射处决，大多数在扬子江边。我国际委员会雇佣工人搬走 3 万多这些士兵的尸体，这是我们作为救济计划巡视和指导的工作。"

德国驻华大使馆秘书罗森在给德国外交部的报告中说："12 月 18 日到 20 日，我们在南京附近英国'蜜蜂'号炮艇上。在这段时间内，日本海军少将近藤对美国海军上将霍尔特说，南京下游的大扬子岛（按：应指八卦洲）上还有 3 万中国部队，必须'清除'掉。这种'清除'或许像日本人说的'肃清'，就是杀害已毫无防卫能力的敌人，是违反战争人道的最高原则的。"

日军还以搜捕"扫荡"俘虏为名，有目的地屠杀了大批青壮年平民。日军第九师团第六旅团在"城内扫荡命令"中指示士兵："青壮年可全视为败残兵和便衣兵，要全部将其逮捕监禁。"远东国际军事法庭在判决书中指出："对于一般男子的有组织的大量屠杀，显然是得到指挥官的许可而实行的。它的借口是中国兵脱下了军服混入在平民之中。中国平民被集成一群一群的，反绑着手，押运到城外，用机关枪和刺刀集体的被屠杀。据现在所知道的，达到兵役年龄的中国男子，这样被害的达两万人。"

屠杀一直持续到次年三四月份。战后远东国际军事法庭对"南京大屠杀"立案调查，听取了亲眼目睹中外证人10余人的口头证言，并接受了100余件书面证词，最后做出判决认为："在日军占领后最初6个星期内，南京及其附近被屠杀的平民和俘虏，总数达20万以上。这种估计并不夸张，这由掩埋队及其他团体所埋尸体达15.5万人的事实就可以证明了……这个数字还没有将被日军所烧弃了的尸体，投入到长江，或以其他方法处理的尸体包括在内。"而据1946年2月中国南京军事法庭查证：日军集体大屠杀28案，19万人；零散屠杀858案，15万人。

除屠杀外，日军占领南京后还恣意强奸中国妇女。被害妇女包括9岁幼儿和77岁老妪，还有孕妇和尼姑，许多妇女被轮奸致死，其中有些人遭受了残酷的性迫害。据远东国际军事法庭判决书认定："有许多强奸案例。无论是受害者还是试图保护受害者的家庭成员，只要有反抗，死亡是很寻常的惩罚。在全城众多的少女和老妪被强奸。伴随强奸，还有许多变态和虐待狂的事例出现。许多妇女在强奸后遭杀害，尸体被毁坏。被占领后的第一个月中，南京城里发生了近 2 万起强奸案。"① 另据战后南京政府 1946 年的一项调查：据主持难民区国际人士之粗略估计，当时本市遭受此种凌辱之妇女，不下 8 万之多，其中有 65920 名因拒奸而死难。②

抢劫，也是日军在南京实施的暴行之一。南京无数住宅、商店、机关、仓库被抢劫一空。日军连在南京的外侨与各国驻南京外交机构也不放过。梅奇牧师在其 12 月 19 日信中说："整个过去的一星期，日军已把南京城抢夺一空，任何东西都要；他们甚至抢走德国领事馆的汽车。"伴随着抢劫而来的是大肆焚烧。日军放火的目的是为了掩饰其抢劫的罪恶行径，从中华门到内桥，从太平路到新街口以及夫子庙一带繁华区域，大火肆虐达 7 周之久，繁华商业区不数日而化为灰烬。罗森于 1938 年 1 月 15 日给德国外交部的报告说："日本军队放的大火，在日军占领一个多月之后至今还在燃烧；全城三分之一被烧毁。"

除南京大屠杀事件外，凡日军所到之处，几乎都发生过屠杀惨案。屠杀伴随着日军对中国侵略的全部过程。

在华北，日军在河北制造"万全惨案"，杀害无辜

---

① 张宪文等主编《南京大屠杀史料集（7）·东京审判》，江苏人民出版社，2012，第 607 页。
② 《南京市政府致内政部抗战损失调查委员会代电稿》（1946 年 5 月 4 日），《日本帝国主义侵华档案资料选编（12）·南京大屠杀》，中华书局，1995，第 468 页。

百姓 300 余名。在河北灵丘，1 个月之内杀害百姓达 1200 余人。① 在山西天镇一天即屠杀 1248 人，全家被杀绝者 400 余户。在山西朔县县城，3 天杀害 3800 多人。② 在原平县，杀害者合计近 5000 人。在河北藁县梅花镇杀害 1547 人，其中 46 户被斩尽杀绝，24 人造成终身残疾。在成安县城和附近村庄，连续 3 次大规模的屠杀，5300 余人被害。③ 在河北井陉县制造了"黑水坪大血案"。从 14 日至 24 日的 10 天中，日军杀害无辜百姓近 1000 人，仅在老虎洞就用毒瓦斯毒杀村民 155 人。在河南安阳县城，杀害无辜居民 2000 余人，其中既有刚出生的婴儿，也有年逾古稀的老人。④ 在河南省清丰县城屠城，3 天残杀 1096 人。⑤ 在河南长垣城，屠杀城乡居民 1700 余人。在浚县县城内外，制造了血腥屠杀民众 4500 余人的浚县屠城暴行。⑥

在华东与华中，日军在苏州杀害 6700 多人。在扬州日军以帮助运送弹药为名，抓捕了 400 余名青年，当行至万福桥时，日军把这 400 余名青年全部杀害。在湖南省南县厂窖镇，日军 3 天共杀害中国同胞 3 万

① 章伯锋、庄建平主编《中国近代史资料丛刊——抗日战争》第 7 卷《日军暴行》，四川大学出版社，1997，第 59 页。
② 中共山西省委党史研究室编《侵华日军在山西的暴行》，山西人民出版社，1986，第 15、19 页。
③ 左禄主编《侵华日军大屠杀实录》，解放军出版社，1989，第 90 页。
④ 中共河南省委党史工作委员会编《侵华日军在河南的暴行》，河南人民出版社，1989，第 22~23 页。
⑤ 《侵华日军在河南的暴行》，第 88 页。
⑥ 《侵华日军在河南的暴行》，第 387 页。

多人，制造了南京大屠杀后的另一个大惨案。

日军还常常以中国战俘或被捕平民作为新兵"试胆教育"的工具。例如，1942 年 7 月 26 日，侵占太原一带的日军补充新兵 340 人，旅团长津田守弥少将下令对新兵进行"试胆教育"，即以中国战俘为活靶进行砍杀和刺杀训练。是日，有 220 余名俘虏被日军当做活靶被集体杀害。过了几天，日军又以同样的方法，杀害了另外 120 余名俘虏。

日军的性暴力犯罪

在侵华战争期间，日军官兵除了经常对中国妇女实施强奸外，还建立了"慰安妇"制度，进行有组织的性暴力犯罪。

"慰安妇"制度正式确立始于日本发动全面侵华战争后，特别是在占领南京期间，日军的疯狂强奸行为引起了国际舆论的强烈谴责。为了平息国际舆论的谴责，日军决定全面启动"慰安妇"制度，企图以"合法的"性慰安来减少军队中大量的性暴力事件的发生。

1937 年 12 月底，南京已经有专门为日军提供性服务的"慰安所"了。而在上海，1938 年 1 月 2 日，首批日军"慰安妇"104 人从日本到达吴淞口。13 日，日本华中方面军东站司令部设立的杨家宅"慰安所"正式挂牌。关东军也于 1941 年 7 月提出招募 2 万朝鲜"慰安妇"的计划，从而将"慰安妇"制度推广到所有侵华日军之中。根据中国学者的调查和统计，从 1932

年"慰安妇"制度在上海萌芽，1937年"慰安妇"制度全面启动实施，到1945年战争结束，日军在中国建立的各种形式的"慰安所"遍布华东、华中、华北、东北、华南、西南以及香港、台湾等地区。这些"慰安所"有军方直接设立的，有军方指定日侨或朝鲜人开设的，有汉奸在日军命令下设立的，有日军各部队就地建立的。在"慰安所"中充当"慰安妇"的妇女，除少数是日本妇女外，主要是朝鲜和中国妇女，而又以中国妇女人数最多。从淞沪战役开始，日军就开始强掠中国妇女充当"慰安妇"，直到占领南京时，强掠中国妇女充当"慰安妇"的罪行被推向了高峰。

在"慰安妇"制度的实际运行过程中，日本军方形成了一套较为完善的管理制度，从"慰安妇"的征集、输送、登记、身体检查到"慰安所"内部的管理以及对业主和士兵等，都有较为明确的规定和要求。如对"慰安妇"的人数的规定是，每29名日军配备1名"慰安妇"。关于"慰安妇"的总人数，由于史料的缺失而难以精确计算。一般认为，总数在三四十万人。其中，中国妇女被日军强掠充当"慰安妇"的人数在20万以上。另有学者披露，在战后协助美军整理情报的一位日本人曾说过："中国'慰安妇'的数字，占日军在亚洲战场征用占领区妇女当随军妓女的67.8%。"① 如按此比例推算，中国"慰安妇"受害者当在24～28万人。

---

① 转引自江浩《昭示：中国慰安妇》，作家出版社，1993，第53页。

日军"慰安妇"的多数是中国受害妇女，不仅与日本侵略战争的战场主要在中国相关，更主要的是与日本的侵略政策有直接关系。战后远东国际军事法庭的审判资料，曾记载了日本情报部大雄一男给日本陆军部的一份文件，该文件中表述："用中国女人做'慰安妇'，会抚慰那些因战败而产生沮丧情绪的士兵；他们在战场上被中国军队打败的心理，在中国'慰安妇'的身上，得到了最有效的校正。这种心理作用，惟有中国'慰安妇'能给我们的士兵产生，她们能鼓舞士兵的精神，能够在中国尽快地建立大东亚共荣圈。当日本武士道不能支撑崩溃的士兵时，中国'慰安妇'的肉体却能对复原治疗士兵必胜的信心起到不可估量的作用。能在中国女人身上得到满足，必将能在中国领土得到满足。占有中国女人，便能滋长占有中国的雄心。我们必须更多地征用中国女人作'慰安妇'，从精神和肉体上安慰我们的军人，树立他们必胜的信心。"① 1941 年 10 月 18 日，时任日本内阁总理大臣的东条英机在接受美国记者约瑟·道格拉斯采访时更是厚颜无耻地说："我以一个东方人观念看，女人是一种战略物资，并且是对胜利不可缺少的具有独特营养的战略物资。"从中可以看出"慰安妇"制度与日本侵华战争之间的密切关系。

正是在这种思想的指导下，日军上层默许纵容士

---

① 《远东审判案》备用资料第 103 册第 52 章，第 342 页；转引自江皓《昭示：中国慰安妇》，第 62 页。

兵任意掳掠强奸中国妇女。从淞沪战役开始，侵华日军各部队已经开始大规模地强行掳掠中国妇女充当"慰安妇"。1937 年 11 月，苏州陷落，有 2000 多名妇女被掳去供日军奸淫。无锡陷落后，也有 3000 多名妇女被掳去强奸。杭州被攻陷后，有 2 万多妇女被掳去，分为上、中、下三等，编了号码供日军挑选奸淫。[①] 日军占领南京后，肆无忌惮地强掳中国妇女，建立"慰安所"。甚至置国际公法于不顾，公然从在华西方人设立的安全区内抢掠妇女。当时在南京的西方人的记录，提供了许多日军强掳中国妇女的证据。当时在南京的安全区国际委员会主席拉贝，在日记中写道："现在日本人想到一个奇特的主意，要建立一个军妓院。"[②] 曾任日军特务的永富博道在战后作证时也说："1937 年南京大屠杀期间，我作为日军特务机关的一名成员，专门负责诱拐中国妇女。部队从上海向南京进攻途中，我亲自负责设置了 6 个'慰安所'。在沿途，我把一些逃难的中国年轻妇女诱拐到慰安所。"

"慰安妇"不是普通妓女，而完全成为了日本军队的性奴隶。在各种各样的"慰安所"中，她们忍受着种种非人的精神和肉体的折磨。她们被严加看管，不能随便外出或走动，没有任何人身自由，过着奴隶般的生活。在日本军人的眼里，"慰安妇"根本就不是人，而是一种"军用物资"，她们没有任何身份，在随

---

① 孟国祥等：《中国抗战损失及战后索赔始末》，安徽人民出版社，1995，第 139 页。

② 孟国祥等：《中国抗战损失及战后索赔始末》，第 285 页。

部队转移时，被标注为"弹药"或"餐厅用品"。"慰安妇"的生存环境非常恶劣。即使在城市中较为正规的"慰安所"，"慰安妇"的房间也是非常拥挤、狭小、肮脏，一般只有两三张席子大小。而那些在前线中的"慰安所"，仅仅是用几块布或棕榈树叶围挡一下，地上铺上草或席子即算完事。因此日军士兵往往把这种"慰安所"称为"流动厕所"、"军用厕所"。

在恶劣的环境中，"慰安妇"每天都要忍受日军的性折磨。一个"慰安妇"每天必须接待少则几个多则几十个日军，她们的身体完全成了性机器。无节制的性折磨，使"慰安妇"的身体严重受伤。"慰安妇"得了性病或怀孕，因为不再有价值，下场只有一个，等待死亡或者被杀死。因此，当时"慰安妇"的死亡率非常高。海南石碌"慰安所"初建时骗招而来的300多名中国妇女，至日本战败投降时，仅有100多人幸存，其余均被折磨致死。黄流机场"慰安所"，原有广州妇女21人，最后仅活下了4人。[①] 感恩县新街市"慰安所"，40名中国"慰安妇"最终也仅活10来人。[②] 有学者综合各种史料之后估算，有75%的中国"慰安妇"在战争中被日军折磨致死。[③] 即使那些侥幸活下来的受害妇女，她们的噩梦并不因为战争的结束

① 符和积编《铁蹄下的腥风血雨——日军侵琼暴行实录》下册，海南出版社，1996，第750页。
② 符和积编《铁蹄下的腥风血雨——日军侵琼暴行实录》下册，第647页。
③ 苏智良：《日军性奴隶——中国"慰安妇"真相》，人民出版社，2000，第101页。

而终止。正如台湾一位学者所言，"受害者在'慰安所'的时间虽然只是她们数十年岁月的一小部分，但是过去的遭遇对她们的健康、婚姻、心理以及社会适应却造成难以弥补的影响"。她们的心灵和精神受到了巨大伤害。① 一些"慰安妇"终身未嫁，有的虽然结了婚，但许多丧失了生育能力。

日军在侵华战争实施的"慰安妇"制度，是人类历史上最野蛮、最卑劣、最丑陋的制度。20 世纪 90 年代，许多受到迫害的"慰安妇"向日本政府提出要求道歉和赔偿的诉讼，但她们的愿望至今未能实现，其中多数人已经含辱去世。

8 细菌战与化学战

1925 年，国际联盟在日内瓦通过了《禁止在战争中使用窒息性、毒性或其他气体和细菌作战方法的议定书》，日本也在议定书上签了字。但是，日本置国际公法于不顾，在侵华战争期间，大规模地实施了细菌战和化学战。

1931 年，日本占领了中国东北后即开始了对细菌武器的研制。1933 年，为了扩大研制规模，并为"获得大量非日籍活人作为细菌实验的材料"，根据日本军部的指令，在哈尔滨市东南 70 多公里的平房建立了以

---

① 江美芬：《从人类学的观点谈慰安妇的心路历程》，妇女救援基金会主编《台湾慰安妇报告》，台北，台湾商务印书馆，1999，第 181 页。

石井四郎为首的细菌战研究基地，开始了以人体试验为内容的细菌战研究。1936 年 8 月，根据天皇的敕令，石井四郎的细菌研究所改为"关东军防疫给水部"，名义上负责关东军防疫给水任务，实际上成为正式的细菌战部队。1941 年，关东军防疫部更名为"满洲第七三一部队"。除七三一细菌部队外，随着日军侵略步伐的推进，日军以"防疫给水部队"的名义分别在华北、华中和华南地区的派遣军及南方军中设立了细菌战部队，这些部队是设在北平的甲一八五五部队，设在南京的荣字第一六四四部队，设在广州的波字第八六〇四部队，设在新加坡的冈字第九四二〇部队。

日军细菌战部队所从事的细菌武器研究是以灭绝人性的人体实验为基础进行的。所谓人体实验，就是以活人为实验材料以检验细菌的最佳传播途径和感染效果。用于实验的有中国人、苏联人、蒙古人和朝鲜人，其中以中国人为多数。为了获得源源不断的实验材料，在关东宪兵队司令部警务部下建立了罪恶的"特殊输送"制度，即派出宪兵队把秘密捕获的中国人像运送"原木"（日文为"马鲁大"）一样押送到七三一细菌部队，用做人体解剖或细菌实验的材料。人体实验得到关东军最高司令部的批准，最初允许的范围仅限于日军第七三一部队本部及其支部，后来扩大到在华北、华中、华南的各支日军细菌部队。

用活人做实验的项目包括感染细菌的最佳途径、细菌的毒性与杀伤力、人的存活极限条件、人体器官移植实验直至活体解剖等，完全是把人当做动物一样任意宰割。用于实验的人遭受了各种非人折磨后无一幸存。据七三一部队成员战后供述："1940年至1945年间，在这个杀人工厂中被消灭的至少有3000人。至于在1940年以前被消灭的人究竟有多少，那我却不知道。"

　　直接用人体进行实验，使日军细菌战部队的细菌武器研究取得了非常大的进展。全面侵华战争爆发后不久，日军即把细菌武器投入到中国战场。作战所使用的细菌，主要是由七三一细菌战部队制造，包括霍乱、伤寒、鼠疫、炭疽、白喉、痢疾等菌种。这些细菌都具有传染性强、杀伤性大的特点。进行的方式也多种多样，如飞机散布、地面散布等。细菌战的实施，造成了鼠疫及其他病疫的流行，受害者多为中国平民。如1941年日军在浙赣地区的细菌战，衢县城乡死于鼠疫者至少有1200人。此外义乌、江山、上饶等县市也受到波及。鼠疫的流行引起当地居民极大恐慌，学校停课，公共场所关门歇业。又如1941年11月日军实施的细菌战，造成常德地区8个县、25个乡遭受鼠疫的侵害，受害人数达7643人。这一数字已在2002年8月27日东京地方法院的庭审中被认可。[①] 其他如山西、山东、广东、云南等地，在日军细菌战攻击下，均有大量平民伤亡。

　　除使用武器外，日军还违反国际法在中国施用化

----

　　①　童远忠《细菌战罪行国际学术研讨会综述》，《抗日战争研究》2003年第1期。

学武器。1931～1945年，日本军队制造的各种化学毒剂数量超过7300吨，大量用于中国战场。战争期间，日本大本营就使用化学武器向各部队发出的指示至少在15次以上。

日军化学战从淞沪会战肇端，以后几乎每次重大战役均有实施。在正面战场，日军每每于作战的关键时刻，即围攻坚固的中方阵地、突围、掩护撤退时使用化学武器，故日军称化学武器为"决胜瓦斯"。台儿庄战役、安庆战役、徐州会战、武汉会战，日军都大规模地使用毒气，毒气的毒性也逐步升级，从使用催泪性毒剂发展到使用呕吐性毒剂，甚至于使用糜烂性毒剂及芥子气和路易氏气。据中方不完全统计，仅仅在1938年9月这个月间，日军在长江两岸赣北、鄂东、皖西、豫南各重要战场使用毒气达60余次，平均每天2次，造成我官兵重大伤亡。在敌后战场，仅在百团大战期间，日军就施放毒气11次之多。在日军对根据地进行的"扫荡"、"清乡"的时候，也频繁地使用毒气。1942年八路军总司令朱德在致国民政府主席蒋介石的电中称："据彭副总司令德怀寝电称，敌寇此次扫荡我太行区时，曾施大批糜烂性毒气……遭毒害者颇众。毒重者全身红肿，继而溃烂。"在日本宣布投降之后的1945年8月23日，日军还对进攻汾阳县城的八路军使用了毒气，致使67名八路军战士死亡。①

---

① 高士华：《中国山西省的日军毒气战》，《抗日战争研究》2004年第2期。

日军不仅在战场上使用化学武器，而且对手无寸铁的中国百姓也施行残酷的毒杀。如 1941 年 7 月，日军"扫荡"河北省玉田县东南母庄村，将 150 名村民赶到路旁洼地里施放毒气达 30 分钟以上，造成 3 名幼儿死亡，所有村民的眼睛都充血而得了角膜炎。[①] 1942 年 5 月，日军"扫荡"冀中时，在定县北瞳村向躲入地道的村民施放毒气，致 800 余名平民丧命，死者大都是老人、妇女、儿童、病人和婴儿。1943 年 11 月，日军"扫荡"河北井陉县，对藏匿在黑水坪村附近山洞中的村民施放毒气，致使男女老幼 150 多人全部遇难。

另外，战后至今仍有大量日军化学武器埋藏在中国境内，继续威胁着中国人民的生命财产安全。齐齐哈尔等地已经出现了因日军遗留化学武器伤害平民的事件。

日军对沦陷区的殖民统治

日本在用军事侵略征服中国的同时，为了平息国际舆论的谴责，也为了彻底征服中国人民，达到最终侵吞中国的战略目的，在其铁蹄所到之处，运用"以华制华"的手段，通过收买和培植汉奸势力，建立傀儡政权，对中国人民进行殖民统治。

北平沦陷后，日军在华北的特务机关扶持汉奸于

---

① 《小川政夫笔供》（1954 年 8 月 10 日），《日本帝国主义侵华档案资料选编（5）·细菌战与毒气战》，中华书局，1989，第 455 页。

1937 年 8 月 1 日组成"北平市地方维持会";9 日,汉奸江朝宗就任"地方维持会会长";10 日任伪北平市市长。在北平"地方维持会"成立的同时,8 月 1 日,日军也在天津成立了"地方维持会"。11 月,日本先在张家口扶植成立"蒙疆联合委员会"(1939 年改为"蒙古联合自治政府")。12 月 14 日,华北伪临时政府在北平中南海正式宣布成立。

日军在占领上海后,即于 12 月 5 日在浦东地区扶植汉奸苏锡文,成立了类似"维持会"的上海伪大道市政府。1938 年 3 月 28 日,日本在华中地区扶持的伪政权"中华民国维新政府"在南京成立,以梁鸿志为行政院院长,温宗尧为司法院院长,陈群为内政部部长。伪维新政府成立后,先后在日军占领的上海、南京、苏州、杭州和蚌埠成立了各省市伪政府,其下成立了各县级伪政府。

华北、华中临时性汉奸政权的建立并不能满足日本进一步吞并中国的需要,它急需扶持建立一个能够与以蒋介石为首的国民政府相抗衡的伪中央政权。因此,日军在占领广州、武汉后,于 1938 年 11 月 3 日,日本政府迅速发表了《第二次近卫声明》,首次提出"建设东亚新秩序"的方针,声称日本"帝国所企求的,是建设确保东亚永久和平的新秩序。此种新秩序的建设应以日满华三国合作在政治、经济、文化等各方面建立连环互助的关系为根本,希望在东亚确立国际正义,实现共同防共,创造新文化,实现经济的结合,帝国所希望于中国的,就是分担这种建设东亚新秩序的责任"。在"建设东亚新秩序"方针的指导下，日本对中国国民政府一面继续进行军事打击，一面加强了政治诱降，其诱降的主要目的是分化国民党政权，策动汉奸亲日派叛国投敌。

日本的诱降得到了国民政府国防最高会议副主席汪精卫的响应。1938 年 11 月，汪精卫任命手下的高宗武和梅思平作为中国方面的代表与日本方面的代表影佐祯昭和今井武夫等人在上海新公园北侧东体育会路七号的一所空房子陆续进行了数次秘密谈判（这所房子在会谈后作为土肥原贤二的住所，被命名为"重光堂"，故这次会谈被称做"重光堂会谈"）。随后双方签订了《日华协议记录》、《日华协议记录谅解事项》等文件。

1938 年 12 月 19 日，汪精卫携周佛海、陈璧君、陶希圣、曾仲鸣等人自重庆出逃河内，随即陈公博、林柏生等人也逃离重庆。22 日，日本近卫首相发表声明（第三次近卫声明），呼吁"日满华三国应以建立东亚新秩序为共同目标联合起来，共同谋求实现睦邻友好、共同防共和经济提携"。汪精卫立即做出响应，于 29 日发出"艳电"，表示接受近卫提出的"和平原则"，公开投靠日本。

1939 年 11～12 月，汪氏集团与日本通过谈判，签订了《日华新关系调整纲要》和《秘密谅解事项》等密约。这些密约完全是彻头彻尾的出卖民族利益的卖国密约。其主要内容为：汪精卫集团承认"满洲国"，中日双方在华北和蒙疆设立"国防上及经济上"的密切合作区和防共的特殊军事区；在长江下游实现中日间的密切合作，在华南地区实现军事上的密切合作；汪伪各级政权聘请日本人担任顾问；伪军和伪警察由日本派教官训练；给予日本开发、利用中国资源的便利；等等。1940 年 3 月 30 日，汪精卫的伪国民政府在南京成立。

日本侵略者扶持汉奸建立傀儡政权后，在占领区采取了一系列维持其殖民统治的政策和手段，这些政策和手段，以军事镇压和政治控制为主体，以经济统制和精神奴役为重要组成部分。

军事镇压主要表现在为了切断占领区与抗日力量的联系而实行烧光、抢光和杀光的"三光政策"及制造无人区。从 1933 年起，关东军在东北建立"集团部落"，用刺刀威逼百姓离开家园，到日军指定的地区居住，实行归屯并户。到 1938 年，共建立了约 1.25 万个集团部落。在华北，日军仿效关东军的做法，在冀东长城内侧制造了"千里无人区"，仅热河省就有 21 多万户，107 万人被集家并屯，分别占总户数、总人口的 33.14% 和 28.17%，许多被驱赶的居民，忍饿挨冻，流落他乡。而在所谓的"治安区"内则建立"良民证"制度和"联保制度"，一户"通匪"，10 户株连。而在大城市，搜捕、关押、审讯、迫害、屠杀平民百姓的事情经常发生。设在上海的"汪伪上海 76 号"，济南的"泺源公馆"等特务机构都是著名的杀人魔窟。

在经济方面，日本以经济统制的方式，对沦陷区进行全面的经济豪夺。日军占领东北后，首先攫取了东北的交通运输事业，抢占铁路，交给满洲满铁经营。同时，日军又掠夺了东北煤、铁等矿产资源的开采权和经营权，对东北矿产资源进行竭泽而渔式的开发，掠夺煤炭、钢铁及其他战略资源。日军在占领华北、华中、华南后，首先抢占了铁路、公路、港口、码头等设施，以便于把掠夺的战略物资运往日本。同时推行经济统制政策，全面统制金融、物资、产业等领域。在金融统制方面，日本在华北扶持伪北平政府设立中国联合准备银行，发行银联券作为唯一流通货币，禁止其他货币流通。日本还在伪蒙疆设立蒙疆银行，滥发纸币。在华中，日军指使汪伪政权设立南京华兴银行以及汪伪中央储备银行，建立以汪伪中央储备银行为中心的金融统制网，操纵货币发行权和流通。在产业统制方面，日伪在华北设立了华北开发股份有限公司，在上海成立了华中振兴股份有限公司（简称华中振兴公司）。通过这些公司和子公司，日本攫取了华北、华中地区丰富的煤炭、金、银、铅、石棉等矿产资源的开采权和经营权。为了筹措经费，泯灭中国人民的反抗意志，日伪当局还在占领区大力推行鸦片政策，鼓励种植，武装走私，垄断经营。

　　在文化教育方面，日本在沦陷区推行奴化教育政策。伪满洲国成立后，关东军在东北建立了在其直接领导下的一个特殊组织，即臭名昭著的"协和会"。这是一个打着实行"建国精神"旗号，对中国人民进行奴化教育和统治的殖民机构。伪华北临时政府成立后，仿照在伪满洲国成立"协和会"进行奴化统治的办法，成立了"中华民国新民会"。这是一个有明确纲领的汉奸文化组织。其章程规定："本会为信奉新民主主义、与政府表里一体之民众团体，以实现中日满之共荣，并期剿共灭党之彻底，而贡献世界和平为目的。"通过这些文化机构，对沦陷区人民进行殖民主义的思想灌输和精神奴役。而且日伪仿照在伪满洲国的做法，在沦陷区强令各学校"废止三民主义、党义及其他与新国家建国精神相反之教科书或教材"，向当地学生宣扬"日满一体"、"同文同种"、"王道乐土"以及"忠君爱国"等殖民统治思想与封建道德观念，禁止对中国学生讲授中国历史，并强行规定日语为必修课程。日伪在沦陷区推行的奴化政策，其目的是要消除中国人民的民族意识，把中国人民变为甘心充当屈服于日本侵略者的"顺民"。

除了军事镇压、经济掠夺、奴化教育外，日本殖民统治者还在沦陷区大量抓捕和奴役劳工。卢沟桥事变后不久，华北日军就开始把在作战中俘获或缴械的士兵送到东北服苦役。1939年后，日军在中国沦陷区的石家庄、太原、济南、北平、塘沽、保定、开封、临汾、平遥以及南京的浦口等处陆续设置了战俘集中营，关押俘获的战俘和抓捕的无辜百姓。日军将各战俘集中营改称为所谓的"劳工教习所"、"训练所"、"收容所"等，将战俘及抓捕的百姓集中收容后，押送到东北充当特殊工人。1941年秋到1942年秋，日军在河北、山西两省交界的平原与山区及长城沿线强行推

行"集家并村",制造千里"无人区",烧毁成千上万
村庄,并将百姓强行驱赶到日军制造的集中营似的
"人圈",同时,把全部青壮年劳力连同家属强掳到东
北充当特殊劳工。① 据统计,从 1941 年春至 1943 年年
末,日本华北方面军将其在对中国军队作战与对华北
抗日根据地进行"扫荡"时俘获的中国军人和抓捕的
根据地平民近 20 万人,作为"特殊劳工"输往东北。②
太平洋战争爆发后,由于日本本土劳动力的缺乏,日
军还把大批中国劳工强掳到日本从事繁重的劳动。据
华北劳工协会等统计,1942 年 1 月至 1945 年 8 月战
争结束,日本向东亚各地输出华北强制劳工总数有据
可查者达 262.4175 万人,其中向东北输出 235.4 万
人,向蒙疆输出 17.08 万人,向华中输出 5.916 万人,
向朝鲜输出 1815 人,向日本本土输出近 4 万人。

劳工被强制招募后,立刻就失去了人身自由。他
们在日军、特务或警宪的严密看管下,被关在密不透
风的闷罐车中送往作业场所从事各项繁重的苦役。为
了防止劳工逃跑,在这些地方都拉上了电网或铁丝网。
无论是劳动还是吃饭、走路、睡觉,都有日本军队或
日伪把头的监视。劳工不能擅自离开劳动场所,不能
随意说话。逃跑者一旦被抓回要受到严厉的处罚,甚
至将其当众打死。劳工的日劳动时间平均达 13 个小
时。劳工劳动的场所基本没有安全设施,在超强的劳

---

① 陈平:《千里无人区》,中共党史出版社,1992,第 65 页。
② 解学诗、〔日〕松村高夫:《满铁与中国劳工》,社会科学文献
    出版社,2003,第 122 页。

动强度下，经常发生安全事故，伤人、死人现象更是频繁。更为残忍的是，日军为了保守秘密，往往在军事工程完工后，把劳工秘密杀害。

　　被掳往日本的劳工命运更加悲惨。据日本战后不完全统计，2 年内在日华工被折磨致死者近 7000 人，死亡率平均 17.5%。其中 14 个企业的劳工死亡率超过 30%，另有伤残劳工 6778 人，2 项之和达劳工总数的 1/3。

七 中国抗日战争与世界反法西斯战争的融合

1 德意日三国同盟的建立

20世纪20年代，法西斯主义作为一种思潮已经在欧洲和日本滋生。1929年爆发的席卷资本主义世界的经济危机，为法西斯势力的膨胀提供了条件。缺乏议会民主传统的德国和日本，法西斯党派和组织则乘机利用民众对社会的不满和要求"革新"的愿望，大力推进法西斯运动，建立了法西斯专政，企图通过对外发动侵略战争的手段解决经济危机。

1922年10月，意大利国王埃曼努埃尔授命墨索里尼领导的"国家法西斯党"组阁。意大利法西斯政权由此建立。随后，墨索里尼采取一系列强硬措施，完全控制了议会，建立法西斯特别行动队，对反对派和政敌采取恐怖行动，取消言论自由，强制解散一切反法西斯性质的政党和政治团体，法西斯的独裁统治和白色恐怖笼罩了整个社会。在对外关系上，野心勃勃的墨索里尼法西斯政权极力向地中海沿岸地区和非洲扩张，妄图把地中海变成意大利内湖，以"恢复罗马帝国的光荣"。1923 年，意大利强占阜姆港，1926 年，通过签订《友好安全条约》控制了阿尔巴尼亚。在非洲，意大利对埃塞俄比亚、肯尼亚、葡属安哥拉、法属北非领土都有扩张野心。

在巴黎和会上受到严厉惩罚的德国，从 1925 年起经济迅速发展，到 1929 年，德国的工业总产值已跃居资本主义世界第二位。随着经济实力的恢复，德国统治阶级要求归还殖民地、修改边界、废除赔款等条目，竭力摆脱《凡尔赛和约》的束缚。1929 年爆发的世界经济危机加快了德国法西斯夺取政权的步伐。希特勒在 20 年代初组建的"民族社会主义德国工人党"即纳粹党，在经济危机期间，利用民族主义煽动复仇情绪，法西斯势力迅速扩展，到 1932 年已拥有党员 100 万人。1933 年 1 月，希特勒宣誓就任帝国总理。1934 年 8 月希特勒自封为"元首"。希特勒上台后，阴谋策划了"国会纵火案"，借此对革命者和进步人士实行大逮捕和大屠杀。10 月，德国退出日内瓦裁军会议和国际联盟。1935 年，突破《凡尔赛和约》规定的陆军 10 万限额，扩军至 30 万，海军人数增加一倍。1935 年 3 月重建空军，战争的机器即将启动。

1919 年 8 月，日本第一个民间法西斯团体——犹存社在东京成立。1929 年世界性经济危机使日本经济遭受更严重的冲击。全面经济危机期间，民间法西斯运动和军队法西斯运动迅速发展，在日本掀起一股法西斯浪潮。1931 年 10 月，以少壮派军官组织的法西斯组织"樱会"策划发动武装政变，后因泄密流产，但未受到军部的惩罚，从此法西斯恐怖活动更加有恃无恐。1932年5月15日，一批法西斯少壮派军官发动政变，杀死首相犬养毅。22日，组成了在军部指导下的斋藤实联合内阁，它标志着日本历史上政党内阁时代的结束和军部法西斯体制正在形成。1936年2月26日，主张以武装政变的急进方式实现军部法西斯独裁统治的皇道派少壮军官，发动政变，杀死内阁大臣斋藤实、藏相高桥是清等人。军部内主张通过上层以合法稳健方式推进改革，建立法西斯统治的"统制派"利用此次兵变控制了政权机构，确立了法西斯军部的统治地位。1936年3月，广田弘毅内阁成立，其成员名单基本遵照陆军的旨意确定。广田内阁的建立，标志着日本天皇制军部法西斯体制的形成。

无论是德国、意大利，还是日本，对外扩张都是法西斯政权的重要政策。在日本侵略中国的同时，德、意法西斯也大肆对外扩张。1935年10月2日，墨索里尼发表战争演说，公开宣布以武力吞并埃塞俄比亚。10月3日，30万意大利军队突然侵入埃塞俄比亚境内。1936年5月，意大利军队攻占埃塞俄比亚首都亚的斯亚贝巴，正式宣布吞并埃塞俄比亚。1937年6月，德国军方就被要求做好3种战争准备：一是对法国进攻，二是对捷克斯洛伐克进行突然袭击，三是吞并奥地利。同年11月，希特勒召集军政头目召开"领袖会议"，准备在欧洲发动战争。次年，德国吞并奥地利。1939年，德军攻占波兰，第二次世界大战在欧洲爆发。

在法西斯共同利益驱使下，德、意、日三国相互勾结、狼狈为奸，构建联盟，最终结成"三国轴心"。1936年10月，墨索里尼的女婿、意大利外长齐亚诺应邀访问柏林。两国达成协议，决定在重要的国际问题上采取共同方针，发展两国空军，德国承认意大利对埃塞俄比亚的兼并，意大利赞成德国对奥地利的占领，两国决定承认西班牙佛朗哥政权并进一步加强对佛朗哥政权的援助。协定还划分了两国在多瑙河和巴尔干地区的势力范围。德、意法西斯侵略同盟初步建立。

1934年3月，日本派出"德国通"大岛浩为驻德武官；6月，日本成立日德协会和旅德日本人协会；11月，东京成立日德文化研究所等学术团体。1934年和1935年，日本多次派军舰访问德国，以示对德友好。希特勒还亲自接见了到访的日本舰队。两国关系迅速靠拢。1935年春，德日法西斯就建立同盟问题开始试探和接触性谈判。同年年底，日本参谋部情报部德国组组长若松前往德国，先后与德国外长里宾特洛甫和国防部长布洛姆贝格会谈。德日谈判强调反苏、反共。1936年7月，德国正式向日本提出了经过希特勒亲自审定的《反共产国际协定》草案文本及秘密附件。8月7日，日本内阁召开会议，通过了《帝国外交方针》，决定实现日德合作。11月25日，德国和日本正式在柏林签订了《反共产国际协定》。次年，意大利也加入《反共产国际协定》，德、意、日法西斯同盟正式建立。其后，匈牙利、伪满洲国、西班牙、保加利亚、芬兰、罗马尼亚、丹麦等国也相继加入《反共产国际协定》。

太平洋战争的爆发与世界反法西斯统一战线同盟的建立

在日本对外扩张战略中,一直存在"北进"和"南进"两种方案。所谓北进,是指日本通过中国向苏联远东地区扩张;所谓南进,是指日本通过中国向东南亚和太平洋地区扩张。1936 年 8 月 7 日,日本广田内阁制订了《国策基准》,正式把北进、南进政策列为日本的国策。日本曾于 1938 年、1939 年先后发起过对苏联的张鼓峰之战和诺门坎之战。这是北进的试探,但都败于苏军手下。日本慑于苏联远东军的威力,始终将战力较强的、规模庞大的关东军留驻于中国东北地区,不敢开入关内作战。苏联亦借支援中国抗日牵制日本,以保其远东安全。

1939 年欧洲战争全面爆发后,南进政策逐渐发展成为日本的主要国策。特别是 1940 年 5、6 月,德国以迅雷不及掩耳之势向西扩张,击败英、法,继而法国投降,英国岌岌可危,德国的一连串胜利大大刺激了日本南进的欲望。日本认为,这是千载难逢的南进良机,叫嚷"不要误了公共汽车",要从欧洲战乱中,"火中取栗"。[①] 为了准备南进,日本采取了一系列外

① 日本防卫厅防卫研究所作战室:《中华民国史料丛稿·译稿·中国事变陆军作战史》第三卷第二分册,田琪之、齐福霖译,宋绍柏校,中华书局,1983,第 233 页。

交措施。1940 年 9 月，日本与德、意结成军事同盟。1941 年 4 月 13 日，日本与苏联订立《苏日中立条约》。这一条约的签订，免除了日本的后顾之忧。苏联也避免了两线作战。但是，苏日在有关声明中，以中国的东北和外蒙做交易，严重损害了中国的主权。从 1941 年 1 月起，日本主动要求与美国谈判。在日美谈判的掩蔽下，日本积极进行发动战争的准备。

1941 年 9 月 6 日，日本御前会议通过《帝国国策施行纲要》，提出"帝国为了完成自存自卫，在不辞对美（英、荷）作战的决心下，拟以十月下旬为目标，完成战争准备"。10 月中旬，日本近卫内阁辞职，东条英机受命组阁。东条一上台，就加快了南进的步伐。11 月 5 日，御前会议决定："为打开目前危局……建设大东亚新秩序，现在决心对美、英、荷开战。""发动武装进攻的日期，定为 12 月初。"日本把这一场对美英的战争称为"大东亚战争"。其战略企图主要是掠取日本严重缺乏的战略资源，如东南亚半岛的橡胶、锡和大米，荷属东印度群岛的石油，澳大利亚的铁矿石、煤、小麦和羊毛等；通过在南方作战攻占缅甸等要域，掐断滇缅公路交通线，隔绝中国在南方的对外联络；通过新的战争摆脱对华战争僵局，攻占菲律宾、香港、新加坡等要地改善自身战略态势；为其全球扩张战略服务，消灭或打击美英等国在该地区的力量，迫其采取守势。

1941 年 12 月 7 日凌晨，日本南方军和联合舰队按预定计划突然袭击夏威夷岛的珍珠港。日军偷袭珍珠港，成为太平洋战争爆发的标志。珍珠港是美国在太平洋最大的海军基地。当时，美国太平洋舰队共有86艘船只（一说94艘）停泊在珍珠港，其中有战列舰8艘、巡洋舰7艘、驱逐舰28艘、潜水艇5艘。日本在偷袭珍珠港时，出动了6艘主力航空母舰、舰载飞机423架、2艘战列舰、3艘巡洋舰、9艘驱逐舰、3艘潜艇。经过2个多小时的袭击，美国太平洋舰队损失惨重，珍珠港变成一片火海。据美国海军部报告，总计击沉、击伤的大型舰只18艘，击毁陆海军300余架，死伤3500多人。次日，美国国会通过决议，向日本宣战。12月9日，罗斯福又提出，美国"不仅对日本人背信弃义所造成的屈辱必须雪除。而且，国际上野蛮行为的根源不论存在于何地，都必须绝对地和最终地消灭"。① 这就无异于对轴心国家宣战。

12月8日，英国也向日本宣战。接着对日本宣战的还有戴高乐的"自由法国"、澳大利亚、新西兰、加拿大、荷兰等20多个国家。至此，世界上大多数国家投入了反法西斯侵略的战争。

太平洋战争爆发至1942年4月，不到半年间，日军即攻占了马来亚、香港、缅甸、菲律宾、印度尼西亚、关岛、威克岛、新几内亚的一部分以及太平洋上的其他岛屿，中国香港也遭沦陷。

日本发动太平洋战争，虽然取得了一系列战果，

---

① 〔美〕富兰克林·德·罗斯福著，关在汉编译《罗斯福选集》，商务印书馆，1982，第324页。

但也大大加速了反法西斯力量的联合，注定了日军失败的命运。

1941 年 12 月 8 日，国民政府军事委员会委员长蒋介石获悉太平洋战争爆发的信息后，立即召集国民党中央常务委员会举行特别会议，决定采取如下政策：太平洋反侵略各国，应即成立正式联盟，由美国领导，并推举同盟国联军总司令；要求英、美、苏与我国一致实行对德、意、日宣战；联盟各国应相互约定：在太平洋战争胜利结束以前，不单独对日媾和。当天，蒋介石分别召见美、英、苏三国大使，将书面建议交给三国，提议中、英、美、苏、澳、荷、加拿大、新西兰各友邦成立军事同盟，推美国为领导，指挥共同作战；中、英、美、苏、澳、荷、加、新订立不与德、意、日单独媾和条约。12 月 9 日，中国政府正式对日宣战，并于同日对德国和意大利宣战。同日，中共中央发表《中国共产党为太平洋战争的宣言》，号召建立中、英、美及其他太平洋各国的反日军事同盟。①

太平洋战争爆发后，蒋介石主动建议由中、美、英、苏、荷五国订立联盟作战计划。蒋介石的建议在美国方面得到积极反应。罗斯福总统于 12 月 14 日致电蒋介石："立即发动步骤，准备一致行动以御共同敌人，应视为异常重要之举。为达成此项目的起见，本人敬建议，由麾下最迟于 12 月 17 日，在重庆召集联合军事会议，交换情报，并讨论在东南亚最有效之陆、

————————

① 1941 年 12 月 13 日《解放日报》。

海军行动，以击败日本及其同盟国。本人并建议，参加该会者应为英、中、荷、苏及美国之代表。"英国首相丘吉尔对召开联合军事会议的提议表示赞同。但苏联方面反应消极，斯大林致电蒋介石表示："本人以为苏联之力量，目前似不宜分散于远东。"①

12月23日，中、美、英三国联合军事会议在重庆举行。美国代表为勃兰特少将，英国代表是英国驻印度军总司令韦维尔，中国代表为军事委员会参谋总长何应钦。中国军事统帅蒋介石主持会议。会议签订了《中英共同防御滇缅路协定》，拟订了《远东联合军事行动初步计划》，中、美、英由此结成军事同盟。12月22日，美英两国首脑和参谋长在华盛顿召开"阿卡迪亚"（意为世外桃源）会议。会议进行了20余日，对太平洋战争爆发后的全球战略进行了商讨，确定德国仍是主要敌人，欧洲是主要战场，决定坚持"先欧后亚"的战略方针，首先打击德国法西斯，对太平洋地区的日本暂时采取守势。在阿卡迪亚会议期间，美国政府起草了一份反法西斯国家的联合宣言草案，经过与英、苏等国协商之后，用急电将有关内容通告各同盟国政府，得到了各国的积极响应。1942年1月1日，由美、英、苏、中四国领衔，共26个国家的代表在华盛顿签署了《联合国家宣言》。美国、英国、苏联、中国领衔签字，是由罗斯福总统亲自决定的。当时加盟的 26 国中，能动员 500 万以上兵员的国家，除英、美、苏三国外，只有中国。中国列为四强之一，被国际所公认。① 中国第一次以四大国的身份出现在国际性政治文件中。其他 22 个国家澳大利亚、比利时、加拿大、哥斯达黎加、古巴、捷克斯诺伐克、多米尼加、萨尔瓦多、希腊、危地马拉、海地、洪都拉斯、印度、卢森堡、荷兰、新西兰、尼加拉瓜、挪威、巴拿马、波兰、南非联邦、南斯拉夫代表于次日按英文字母顺序在"宣言"上签字。《联合国家宣言》的发表，标志着世界反法西斯统一战线的正式形成。截至 1945 年 5 月 1 日，声明加入《联合国家宣言》的，还有玻利维亚、巴西等 21 个国家。

1941 年 12 月 31 日，罗斯福致电蒋介石，提议成立中国战区，并告之美、英、澳、荷、新西兰诸国已商得同意，公推蒋介石为中国战区统帅，指挥中、泰、越各区战事，并拟组织联军参谋处，在统帅指挥下服务。1942 年 1 月 2 日，蒋介石电复罗斯福，同意出任中国战区最高统帅，同时建议："本人欢迎英美速派代表，作为联合总部计划参谋。" 1 月 3 日，同盟国正式宣布成立以蒋介石为陆空军最高统帅的中国战区。29 日，美国宣布派遣史迪威赴华，身兼美军驻华军事代表、对华租借物资管理统制人、中国战区参谋长等职。3 月 6 日，史迪威到达重庆。8 日，蒋介石正式委任史

---

① 蒋纬国：《抗日御侮》第三卷，台北，黎明出版社，1978，第 35 页。

迪威为中国战区参谋长。至此，中国战区正式成立。

中国战区的辖区最初包括中国、越南和泰国，后来，泰国辖归东南亚战区，越南北纬16度以南地区划归东南亚战区。这样，中国战区的最后范围是中国和北纬16度线以北之越南地区。中国战区的建立，改变了中国孤立抗日的局面，中国的抗日战争融入了世界反法西斯战争之中。

3 中国抗日战场成为世界反法西斯战争的主要战场

太平洋战争的爆发，使中国的全面抗战在坚持了4年半之后，终于汇入世界反法西斯战争的洪流，中国的抗日战场随即成为世界反法西斯战争的主要战场之一。对于中国，早在1941年11月15日，日军大本营制订的"帝国陆军整个作战计划"中，规定在发动太平洋战争时对华作战的战略方针为："对中国，要与帝国海军配合，大致保持目前态势，同时消灭美、英等地方在华势力，政略和谋略相结合，努力镇压敌人，务期使蒋政权屈服。"根据大本营的命令和指示，日本中国派遣军于1941年12月10日发布第320号命令，具体规定了派遣军在中国各战场的具体任务。这些任务主要包括：使蒙疆地区、山西省北部、河北省、山东省各要域及上海、南京、杭州间地区之治安迅速得到恢复；确保岳州至长江下游之交通，以武汉三镇及九江为根据地，尽力击破敌抗战力量；占领广州附近、汕头附近及海南岛北部各要域；竭力确保重要资源地域，以增强日军战力等。

太平洋战争爆发后，美英等国采取了"先欧后亚"的战略方针，因此，中国战场仍然要由中国军队独立担当作战。但盟国承认中国战场具有重要的战略意义。

太平洋战争爆发之前，罗斯福就曾高度赞扬中国抗战，他说："在亚洲，中华民族进行的另一场伟大防御战争则拖住日本人。"1942 年春，罗斯福曾对他的儿子说："假如没有中国，假如中国被打塌了，你想一想有多少师的日本兵可以因此调到其他方面来作战？他们可以马上打下澳洲，打下印度——他们可以毫不费力地把这些地方打下来。他们并且可以一直打向中东……和德国配合起来，举行一个大规模的夹击，在近东会师，把俄国完全隔离起来，吞并埃及，斩断通向地中海的一切交通线。"他的话道出了实情。太平洋战争爆发后，日本陆军兵力分布情况是：日本本土 4 个师团，朝鲜、中国东北 15 个师团，太平洋战场 10 个师团，中国关内 21 个师团、20 个旅团又 1 个骑兵集团。正是中国人民的浴血抗战使日军主力受制于中国战场，有限物资消耗于中国战场。中国的抗战在客观上支持和配合了美英等"先欧后亚"战略的实施。

侵华日军按照把中国变成"大东亚战争"的总兵站基地的构想，加紧了在中国占领区的统治和掠夺，并在正面战场和敌后战场同时加强了军事进攻。

在正面战场，日军继续在湖南、湖北、浙江、江西地区发动进攻。

1942 年 4 月，由美国航空母舰起飞的 B－25 型轰炸机，轰炸了日本东京、大阪、名古屋等城市后，返回至中国浙江省空军机场降落。日本本土第一次遭到轰炸，朝野震惊。4 月 21 日，日军大本营决定进行以摧毁浙赣两省飞机场为目标的浙赣作战。5 月，浙赣会战爆发。由于中国第三战区兵力较少，国民政府军事委员会从第九战区抽调部队加强第三战区，并令第三战区加紧袭击日军，力保浙赣间的各个机场。同时引诱日军主力，以减轻陕西、湖南两地所受的压力，确保四川的安全。第三战区准备以少数兵力配置浙赣路西段，进行持久对日军作战；集中主力于浙赣路东段，利用既设阵地持久抗战，并竭力袭扰日军后方，牵制日军；在金华、兰溪预筑坚固阵地，竭力抵抗日军；最后在衢州附近与日军决战。第九战区的一些部队则向赣东活动，策应第三战区的作战。5 月中旬，日军分路进攻金华、兰溪，中国军队坚持防守作战，使日军锐气顿挫。日军第十五师团司令官酒井直次在作战中触雷毙命。6 月上旬，日军向衢州发起总攻。中国守军与优势日军浴血奋战 4 个昼夜，为战区主力重新部署争取了时间。6 月 6 日，衢州失守。7 月 1 日，浙、赣之日军在横峰会合，浙赣铁路全线被日军占领。7 月底，日军打通浙赣路、对沿线各机场进行破坏后，命令部队停止进攻，各参战部队开始撤退。中国军队乘势反攻，收复失地，至 8 月下旬，除金华、兰溪等战略要点继续被日军占领外，基本上恢复了战役前态势。中国军队在浙赣会战中对日军的进攻进行了比较有力的抵抗，以伤亡 7 万余人的代价，较大程度地消耗了日军力量，日军战史承认此次会战，其死伤在 1.7 万人以上。

在敌后战场，日军为把中国变成大东亚战争的兵站基地，加强了对占领区的控制，为此向华北、华中等地日益发展的抗日游击力量进行了空前残酷的"扫荡"。日军进行的治安肃正作战，实际上已成为侵华日军的主要作战方式。面对日军的进攻，中共中央军委指示各部队实行主力兵团地方化，并抽调大批精干人员充实到区、县，普遍加强人民武装的建设。各抗日根据地的一切青壮年男女，都在自愿和不脱离生产的原则下，组织成人民抗日自卫军。在这种三位一体的军事体制下，形成了强大的战斗力，使敌后游击战争得以广泛地开展起来。在极其艰苦的反"扫荡"、反"清乡"斗争中，敌后军民创造了麻雀战、地道战、地雷战、破击战、水上游击战、武装工作队等作战形式，发展了人民战争的战略战术。1941～1942 年，八路军、新四军和游击队、民兵共作战 4.2 万余次，毙、伤、俘日伪军 33.1 万余人，敌后军民的反"扫荡"斗争，牵制、消灭了大量日军，成为中国坚持长期抗战的最重要因素，也是对盟国反法西斯战争的巨大支持。

中国军队除了在中国国内战场抗击日军外，还配合盟军进入缅甸作战。太平洋战争爆发后，1941 年 12 月 23 日，中国和英国在重庆签署了《中英共同防御滇缅路协定》，中英军事同盟率先成立。中国为支援英军在滇缅（时为英属地）抗击日本法西斯，并为了保卫中国西南大后方，组建了中国远征军。这是中国与盟国直接进行军事合作的典范。1942 年 1 月 20 日，日军向缅甸发动进攻。2 月 16 日，缅甸首都仰光告急。英军要求中国远征军主力火速入缅协助作战。接到英军请求后，国民政府军事委员会立即命令位于滇缅边境待命的第五军和第六军依次入缅，第六十六军作为总预备队。3 月 12 日，正式成立了"中国远征军第一路司令长官司令部"，卫立煌为司令长官，杜聿明为副司令长官下辖 3 个军 10 万人。

3 月 8 日，中国远征军先头部队第二〇〇师进驻缅甸重镇东吁，接替英军防务并掩护其撤退。杜聿明亲赴东吁指挥。从 3 月 18 日开始直至 29 日，中国第二〇〇师同日军第五十五师团展开激战，历时 12 天的东吁血战，中国远征军共歼灭日军 5000 余人，最终粉碎日军企图在东吁聚歼中国远征军主力的计划，而且重创日军第五十五师，有力地支援了英缅军。中国远征军也付出了重大代价，师长戴安澜殉国。

3 月底，国民政府军事委员会提出以中国远征军第五军主力在彬文那附近会战击破日军的计划。4 月初，远征军在彬文那地区集结兵力，部署歼敌。但因担任侧翼防守的英军放弃阵地，要求远征军接防，使该战役计划未能实现。4 月中旬，英缅军第一师等部被日军包围于仁安羌地区，向远征军告急。中国远征军应英军紧急要求，发动攻势，于 4 月 19 日成功解救被围之英缅军 7000 多人，其中包括英军司令亚历山大等高级军官、传教士和记者等。仁安羌大捷使中国军队扬威海外，轰动英国。英国当局后来还向中国远征军第三十八师的师、团长等授勋表彰。

此后，日军主力继续沿东吁、曼德勒轴线实施进攻，并以一部兵力向腊戍突进，企图占领远征军后方基地腊戍，切断远征军退路。4 月 29 日，日军攻占缅北重镇腊戍，切断滇缅公路，大批战略物资被日军掠走。在曼德勒地区，英军在远征军掩护下，向印度境内撤退。兵力分散的中国远征军各部队则向密支那方向转移。5 月 1 日，曼德勒失守。5 月 8 日，日军攻占密支那，中国远征军回国退路完全被切断。同时，日军继续向中缅边境推进，与中国军队隔怒江对峙。

1942 年 5 月，中国远征军主力沿中缅边境撤回云南。新编第二十二、第二十八师因援助英军受阻，被迫穿越山峦重叠、人烟稀少、蚊蚋成群的野人山，于 7 月底退至印度，不久即在印度兰珈集中受训。

中国远征军第一次入缅作战，历时半年，转战 1500 公里，伤亡 5 万余人，有力打击了日军，支持了英缅军队的抵抗，显示了中国抗日军队的良好作战能力，受到盟军和国际舆论的赞誉。

中国国际地位的上升与盟国的支援

中国加入盟国并成为国际反法西斯战线的重要成员国之后，由于中国战场已经成为世界反法西斯战争的重要战场，中国的威望和影响力不断增长，开始着手参与解决一些国际事务。

1943 年 10 月 19 日至 30 日，美国国务卿科德尔·赫尔、英国外交大臣安东尼·艾登和苏联外交人民委员莫洛托夫在苏联首都莫斯科举行会议。会议发表了《公报》和《普遍安全宣言》。《公报》指出，美、英、苏三国政府保证"在有关共同作战努力的一切问题上紧密合作"，并"一致认为在战争结束后期内继续目前在进行战争时的紧密协力和合作"。由于中国人民进行的抗日战争对全世界反法西斯战争作出了重大贡献，中国作为第二次世界大战中四大同盟国家之一的国际地位受到了重视，被邀加入《普遍安全宣言》。美国国务卿赫尔认为："如果一个正在为战争作出重大贡献的伟大国家被排除在外，那将对联合国家的团结在心理上造成极坏的影响。""就中国而言，无论是其在抗战中表现或是它具有的巨大潜力，都具备了作为一个大国的资格，没有理由将其排除在四国宣言之外。"中国驻莫斯科大使傅秉常受权与三国外长一起在《普遍安全宣言》上签字。《普遍安全宣言》声明，四国政府决心继续对法西斯轴心国作战，直至各轴心国在无条件投降的基础上放下武器时为止。四国保证在受降和解除法西斯侵略军武装等问题上采取共同行动。四国政府承认有必要在尽早可行的日期，准备根据一切爱好和平国家主权平等的原则，建立一个普遍性的国际组织以维护国际和平与安全。11 月 3 日，蒋介石致电罗斯福说："……此一宣言不仅加强我四国间之合作，已达成吾人之共同信念，同时亦将给予全世界爱好和平人士一项建立国际和平，及全面安全之保证；因而即行构成对未来世界一项史无前例之贡献。"①

1943 年 11 月初，罗斯福提议在开罗举行中、美、英三国首脑会议，得到中、英赞同。1943 年 11 月 22 日至 26 日，中、美、英三国政府首脑会议在埃及首都开罗举行。开罗会议是第二次世界大战中唯一有中国政府首脑参加的同盟国战略会议。会议着重讨论了联合对日作战问题和战后如何处置日本的问题。中美英三国会议签署了《开罗宣言》，后在德黑兰会议上征得斯大林同意后，于 12 月 1 日发表。宣言郑重宣布："三国军事方面人员，关于今后对日作战计划，已获得一致意见。我三大盟国决心以不松弛之压力，从海、陆、空各方面，加诸残暴之敌人。此项压力已在增长之中。我三大盟国此次进行战争之目的，在于制止惩罚日本之侵略。三国决不为自身图利，亦无拓展领土之意。三国之宗旨，在剥夺日本自 1914 年第一次世界大战开始以后在太平洋所夺得或占领之一切岛屿，在使日本所窃取于中国之领土，例如满洲、台湾、澎湖群岛等，归还中国。"宣言还宣布，中、美、英三国将与其他对日作战国家联合一致，"坚持进行为获得日本无条件投降所必要之重大的长期作战"。② 开罗会议明确而具体地肯定了中国收复失地的神圣权利。《开罗宣

---

① 章伯峰、庄建平主编《中国近代史资料丛刊——抗日战争》第
   4 卷《外交》下卷，第 1151 页。
② 国际条约集编辑部：《国际条约集（1934～1944）》，世界知识
   出版社，1961，第 407 页。

言》确认中国对台湾的主权地位，中国的领土完整得到了庄严的国际保证。战后，《开罗宣言》成为处理日本问题的重要法律依据。开罗会议是一次标志着中国国际地位提高的会议。

1943 年 11 月下旬，中、美、苏、英四国首脑分别在开罗和德黑兰会议期间，就未来国际组织的总体设想和结构原则性地交换了意见。12 月 24 日，罗斯福郑重强调："英国、苏联、中国和美利坚合众国及其盟国，代表了全世界四分之三以上的人口。只要这四个军事大国团结一致，决心维护和平，就不会出现一个侵略国家再次发动世界大战的可能。"1944 年 5 月，罗斯福邀请中、英、苏等国在华盛顿举行非正式会议，讨论建立战后国际和平机构问题。6 月，中、美、苏、英等国就华盛顿会议准备的问题，不断交换意见。中国政府拟订了提交会议的文件《关于国际和平组织问题之主张（要点）》，其中阐发了中国对联合国建立的原则意见，主要内容包括：基本政策、设立程序、组织原则。7 月 24 日，中国代表草拟了中国对国际组织的基本态度和对重要问题的立场，提出："凡美、英、苏在世界和平机构中所参与之事项，我国应以平等地位同样参与。"对战后国际组织及国际政治经济秩序等重要问题也提出了中方的观点，包括"一切国际争议应用和平方法解决"、"承认种族平等"等 16 条意见。8 月至 10 月，苏、美、英三国和中、英、美三国先后在华盛顿附近的敦巴顿橡树园举行会议。中、美、英、苏四国拟定了《关于建立普遍性的国际组织的建议案》。该建议案将新国际组织命名为"联合国"，并提出新组织应包括大会、安理会、国际法院和秘书处四个主要机构。维护和平与安全的主要权力由安理会承担，中、美、英、苏、法应拥有常任理事席位，安理会的决议对所有会员国都有约束力。大会的重要决议应由三分之二以上的与会投票的会员国做出。

1945 年 2 月，在雅尔塔会议上，美、英、苏三国决定了战后世界一些重大问题的安排。其中决定：联合国安理会的 5 个常任理事国是苏联、英国、美国、中国和法国。会议决定接纳参加反法西斯战争的各国参加联合国组织。会议还决定 1945 年 4 月 25 日在美国旧金山召开联合国制宪会议。会议建议中国和法国同英、美、苏一起，共同作为旧金山会议的发起邀请国。中国政府接受了这一建议。

1945 年 4 月 25 日至 6 月 26 日，联合国制宪会议在美国旧金山举行。出席会议的有 51 个国家的 282 名代表。会议讨论并签署了《联合国宪章》。宪章规定：联合国的宗旨是维持国际和平与安全，并发展国际间的友好合作；联合国所应遵守的基本原则是，各国主权平等，以和平方式解决国际争端，不得侵犯他国的领土完整和政治独立，并不得干涉他国的内政。中国代表团第一个在《联合国宪章》上庄严签字。中国成为联合国安理会 5 个常任理事国之一。10 月 24 日，《联合国宪章》正式生效，作为新的国际安全组织的联合国宣告成立。董必武代表解放区参加中国代表团出席联合国制宪会议，并作为中国代表之一在《联合国宪章》上庄严签字。这是中国共产党第一次公开出现在国际政治舞台上。

由于中国战场在世界反法西斯战争中的重要地位，中国的国际地位不仅迅速上升，而且也得到了盟国的大力援助。

苏联是抗日战争时期首先向中国提供援助的国家。早在1931年日本发动九一八事变后不久，苏联外交人民委员李维诺夫就发表声明指出："苏联在道义上、精神上、感情上完全同情中国，并愿作一切必要的帮助。"① 七七事变爆发后，7月14日，苏联外交人民委员李维诺夫接见中国驻苏大使蒋廷黻时表示："苏联愿援助中国。"② 1937年8月21日，中苏两国政府签订了《中苏互不侵犯条约》，共同声明两国均斥责以战争为解决国际纠纷的手段，规定"两缔约国一方受一个或数个第三国侵略时，彼缔约国约定在冲突全部期间内对于该第三国不得直接或间接予以任何协助"。③ 通过该条约，中国不仅从苏联得到道义上的支持，而且得到了大量的军事和物质援助。

1938年3月1日，中、苏两国代表在莫斯科签订《关于使用五千万美元贷款之协定》。这是抗日战争时期苏联的第一笔援华易货贷款。1938年7月1日，中、苏两国在莫斯科签订苏联第二笔5000万美元贷款协

---

① 《国闻周报》第8卷第39期，1931年10月5日。
② 《中日外交史料丛书（四）：卢沟桥事变前后的中日外交关系》，台北，"中华民国"外交问题研究会印行，1965，第485页。
③ 王铁崖：《中外旧约章汇编》，三联书店，1962，第105页。

定。1939 年 6 月 13 日，中、苏两国在莫斯科签订了第三笔 1.5 亿美元援华易货贷款。苏联的三笔援华易货贷款，总数达 2.5 亿美元。[①] 至 1941 年，苏联用上述贷款向中国输送飞机 1235 架，各类大炮 1.6 万门，汽车、坦克等车辆 1850 辆，以及其他枪支弹药与作战物资。[②] 从 1938 年开始，苏联援华物资通过中国西北、西南和华南，源源运往抗战后方，有力地支援了中国抗战。与此同时，苏联还帮助中国修筑中苏公路，组建航空公司，开办飞机装配厂。1939 年 6 月 16 日，苏联与中国签订了《中苏通商航海条约》，这一条约打破了日本对中国的经济封锁。抗日战争时期，苏联还先后派遣 3000 多名军事顾问、军事工程技术人员，帮助中国军队进行训练，并且直接派遣空军志愿队与中国空军并肩作战。先后来华参战的苏联空军志愿队员有 2000 多人，他们参加了保卫南京、武汉、南昌、重庆、成都、兰州等城市的空战，还多次出动轰炸机轰炸日军机场、车站、港口、仓库、舰船等军事目标。据统计，苏联志愿队在华期间共参加了 20 多次重大战役，仅 1938 年就击落日军飞机 100 余架，炸沉日本舰船 70

---

① 关于抗日战争时期苏联信用借款数，在中国的有关著作与论文中长期存在着不同的说法，苏联著作中也说法不一。有的认为从 1938 年 3 月中苏第一个贷款协定起到 1940 年 12 月，五次贷款计 4.5 亿美元。见《抗战时期苏联对华贷款与军火物资援助》，《近代史研究》1988 年第 3 期；《近年来中苏关系史研究的新进展》，《世界史研究动态》1993 年第 4 期；《中国共产党历史讲义》下册，上海人民出版社，1982，第 599 页。

② 〔苏〕A. M. 杜宾斯基：《中日战争时期的苏中关系（1937～1945）》，莫斯科版，1980，第 85 页。

余艘。在支援中国人民的抗日战争中，苏联空军志愿队中有 200 多人牺牲在中国。

日本发动全面侵华战争后，罗斯福于 1937 年 10 月 5 日在芝加哥发表了"隔离演说"，不指明地抨击了日本的侵略政策。10 月 6 日，美国国务院发表正式声明支持罗斯福的演说，指责"日本在中国的行为是不符合国际关系准则的"。1938 年 12 月，美国政府首次宣布向中国提供 2500 万美元借款，中国以桐油偿还。美国开始援助中国抗战，对中国军民的士气具有很大的鼓舞作用。此后，中美间又先后达成滇锡贷款 2000 万美元、钨砂借款 2500 万美元、金属借款 5000 万美元、平衡资金借款 5000 万美元等援助款项。但这些借款，只采取商业交易形式，不能在美国直接购买军火。从 1941 年起，美国开始增加对中国援助的力度。1941 年 7 月，罗斯福批准向中国空军提供装备和人员。10 月，美国向中国派出军事代表团。1941 年 12 月太平洋战争爆发，中美建立同盟关系。1941 ~ 1942 两年间，美国给中国贷款 5.5 亿美元。据统计，美国在战争期间共向中国提供了 6.2 亿美元的援助。除物质援助外，美国也向中国提供了人力支援。1940 年 12 月，美国总统罗斯福同意空军志愿队来华作战。根据这一决定，1941 年 8 月 1 日，以退役上尉陈纳德为首的美国空军志愿队在中缅边境正式成立，陈纳德被任命为指挥员。美国志愿队在滇缅战场作战 100 余次，从成立之日起至 1942 年 7 月回归美军编制时，共击落、击毁敌机 294 架，成为令日军闻风丧胆、广受中美舆论赞扬的"飞虎队"（FlyingTiger）。1942 年 7 月美国志愿队解散，其后部分成员与美国派驻中国的第十六战斗机中队组成美国空军驻华特遣队，隶属美国陆军第十航空队。1943 年 3 月 10 日，美国驻华特遣队改编为美国陆军第十四航空队，陈纳德担任少将司令。1942 年 3 月，日军占领缅甸首都仰光，运输援华物资的主要通道——滇缅公路被切断。中美共同开辟空中运输航线，即著名的"驼峰航线"。从 1942 年 5 月到 1945 年 8 月，绝大部分盟国援华军用物资均由中美飞行员驾机自印度汀江飞越喜马拉雅山脉东麓上空，运到昆明。"驼峰航线"共向中国运输战略物资 80 多万吨。中美共坠毁和失踪飞机 609 架，牺牲和失踪飞行员 1500 多名。

英、法等国也对中国抗战有过援助。1938 年年底，在美国给中国第一笔贷款后，英国先后给中国商业信用贷款及外汇平准基金等贷款共 1000 余万英镑。法国亦给中国贷款 1.8 亿法郎。1939 年 2 月日军占领海南岛后，中国再次呼吁英国对日采取行动。1939 年 3 月至 8 月，英国向中国提供 500 万英镑的借款和 300 多万英镑的信用贷款。但是，英国一度对日本采取了绥靖政策，1939 年 7 月，英国驻日大使克莱琪同日本外相有田八郎缔结协定：英国政府承认日军在中国的战争行动，对"凡有妨害日军达到上述目的之行动，英政府均无意加以赞助"。这样，英国实际上默认了日本对中国的侵略。中国方面曾对此发表抗议声明。9 月，德国在欧洲燃起战争大火，英、法对德国开战。1940 年

6月法国战败投降，法国政府准许日本使用越南机场，并禁止中国使用滇越铁路。英国为了应付德国在西欧的进攻，继续对日本作出妥协和让步。1940年7月，英国顺应日本的要求，封锁中国当时最重要的国际交通线——滇缅公路3个月，同时还中断了通过香港的对华物资运输渠道。这一行动再次对中国抗战事业造成严重损害，引起中国政府的强烈抗议。1940年9月后，美国根据国际局势，特别是远东局势的进一步变化，加大了对中国抗战的援助程度。在美国的带动下，英国也于1941年向中国提供1000万英镑的借款和贷款。同时，英国还逐步扩大了对日本的出口管制，以削弱日本的战争潜力。

中国的抗日战争，也得到了世界各国共产党、各国进步人士和广大人民的支持。七七事变爆发后，共产国际总书记季米特洛夫发表文章，谴责日本侵略中国，号召各国共产党"发动工人运动和广大民众之一切力量去赶快地把法西斯强盗驱逐出中国"。[①] 1937年8月，英国共产党中央委员会发表了《援助英雄的中国人民》的呼吁书，号召英国工人阶级大力开展援助中国、保卫远东和平的活动。10月17日，伦敦人民举行万人大会，声援中国。法国的"法中之友社"于1937年11月13日召开各援华抗日团体代表大会，通过了要求法国政府制止日本侵略，抵制日货等决议。西班牙共产党在七七事变爆发后致电中国共产党，表

①　《解放》第29期，1938年1月28日，第13页。

示坚决支援中国的抗日战争。德国著名记者汉斯·希伯在中国抗战爆发后来到中国，奔波于前线和后方，呼吁世界人民援助中国抗日，最后英勇牺牲在战斗中。此外，还有德国的米勒大夫，奥地利的傅莱和罗生特大夫，瑞典的霍尔曼医师，捷克的弗里德利希·基希医师，英国记者乔治·何克以及新西兰的路易·艾黎等来华服务，对中国人民的斗争给予有力的支援。美国著名医生马海德，为筹建延安医院和治疗八路军伤员作出了重要贡献。加拿大共产党员白求恩医生，受加拿大共产党和美国共产党的派遣，率医疗队来华。他以毫不利己、专门利人的献身精神和精湛的技术为伤病员服务，不幸以身殉职。

在亚洲，金日成等朝鲜爱国者，率先在中国东北组织了以朝鲜人为主体的游击队，在中朝边境地区开展游击战，为朝鲜的独立解放进行了长期艰苦的斗争，对中国的抗战提供了可贵的帮助。1938～1940年，朝鲜爱国者在韩国临时政府的领导下，在武汉、重庆等地先后成立了"朝鲜义勇队"和"韩国光复军"。越南胡志明领导的共产党，也以极大的热情支援中国抗战。印度加尔各答人民，还专门组织"中国日"示威游行，表示对中国抗战的支持。印度援华医疗队的柯棣华、爱德华、巴苏华大夫，一直战斗在救死扶伤的第一线。日本共产党领导人野坂参三（即冈野进）等，曾在延安工作，建立了日本共产主义者同盟，直接帮助中国抗战。日本许多知名人士、活动家、作家，如鹿地亘和夫人池田幸子，以及绿川英子等人，曾长期居住在延安或重庆，与中国人民一道反对日本帝国主义。在日本侵略军的官兵中，许多人被俘后在八路军的教育和帮助下，幡然悔悟，加入反日本法西斯的行列，建立了反战组织"觉醒联盟"和"反战同盟"，其中有人还参加了八路军、新四军。

盟国和世界各国人民的大力支援，鼓舞了中国人民反抗侵略的斗争士气，使中国人民赢得抗战胜利的信心更加坚定，有力地帮助了中国的抗战。

八 抗日战争的最后胜利

敌后战场的反攻作战

1943～1944年，世界反法西斯战争的形势发生了有利于同盟国家的根本性转折。反法西斯盟军在各条战线展开战略反攻和战略进攻。1943年2月2日，斯大林格勒会战的胜利成为苏德战争的转折点。5月13日，美英联军胜利结束在北非的军事行动，9月上旬在意大利登陆，迫使意大利投降。在太平洋战场，美军于2月7日，取得瓜达尔卡纳尔岛战役的胜利，从此日军被迫转入战略防御，美军开始战略反攻。中国敌后战场军民渡过了最困难的阶段，进入恢复和发展的新阶段，并于秋季开始了局部的攻势作战。

根据国际形势的变化，中共中央确定1944年的斗争方针是：继续团结国民党共同抗日，集中力量打击日、伪军，巩固和扩大抗日根据地。从1944年开始，华北、华中、华南敌后抗日根据地军民，遵照中共中央的指示，抓住有利战机，对日伪军普遍展开局部反攻。

在华北，1944 年，晋察冀根据地军民共作战 4400 余次，毙伤敌军 2.29 万余人，俘日、伪军及争取伪军投诚、反正 2.22 万余人，拔除敌点、碉堡 1600 多个，解放人口 758 万。晋冀鲁豫根据地军民共毙伤日、伪军 3.8 万余人，俘 3.49 万余人，争取敌军反正、投诚 3200 人，收复县城 11 座，解放人口 500 多万，收复失地 6 万余平方公里，改变了根据地被分割的局面。晋绥边区军民共收复敌伪据点 92 个，收复村庄 3108 个，扩大面积 2.4 万余平方公里，解放人口 40 余万。① 山东军区进行主要战斗 3514 次，攻克与逼退日伪据点 1265 处，毙伤日军 4580 余人，俘日军 292 名，歼灭伪军 5.4 万人，争取伪军 1.1 万人反正，解放国土 4 万余平方公里，解放人口 930 万，军队发展到 15 万人，民兵游击队发展到 37 万人，形成了渤海、胶东、鲁中、鲁南、滨海 5 个巩固的根据地。② 1944 年，华中敌后战场形势发生重大变化。华中敌后军民从 1943 年冬渡过最困难时期，进入恢复和再发展的新时期。

在华中，新四军根据中共中央、中央军委的指示，决定进一步恢复原有地区，争取新的发展，主动地有重点地对敌展开攻势作战。1944 年 1、2 月间，苏中军民向日、伪军连续发动攻势，相继攻克大官庄等敌据点 17 处。3 月，苏中军区发起车桥战役。此役，共歼灭日军上校以下官兵 460 余人和伪军 500 余

---

① 晋绥军区副参谋长陈漫远 1945 年 1 月在武工队长会议上的报告。
② 1945 年 1 月 9 日《大众日报》。

人，解放国土 100 余平方公里，进一步沟通了苏中与苏北、淮北、淮南的联系。车桥战役是华中敌后战场转入反攻的标志。车桥战役后，苏中地区的日、伪军再也无力进行大规模的军事行动。4 月，苏北军区发起高（沟）杨（口）战役，经 16 天血战，歼敌 2000 余人，收复了六塘河两岸地区，使淮海、盐阜两区完全连成一片。5 月，苏北军区又攻克淮盐重地陈家港。淮北军民在攻势作战中，解放泗洪、灵璧、睢宁三县城之间的广大地区。苏南军民一度攻入长兴、溧阳等县城。淮南部队攻入盱眙、定远县城。皖中、浙东部队在 1944 年，也对日、伪军进行了积极的作战。1944 年，华中敌后军民共作战 6500 多次，歼灭日、伪军 5 万余人，收复失地 7400 多平方公里，解放人口 160 余万。随着斗争形势的变化，华中抗日根据地发展为苏北、苏中、苏南、淮北、淮南、皖江、浙东、鄂豫皖 8 个根据地，极大地改善了各地区的斗争局面。

在华南，1944 年东江纵队由数千人扩大为万人以上的游击兵团，威逼广州市郊，出没于香港地区的九龙附近，组织海上游击队，炸毁九龙铁桥。在广九路以西，成立抗日民主政权；在广九路以东，也控制了大部分地区。9 月至 10 月，东江纵队对部队进行整编，建立支队编制。战斗在珠江三角洲的人民抗日武装，挺进中山县五桂山后，积极向日、伪军出击，在战斗中壮大了部队，巩固和发展了五桂山抗日根据地。1944 年 6 月，雷州人民抗日游击队在雷州半岛成立，并在各地普遍发动抗日武装起义。中共琼崖特委根据中共中央的指示，将独立总队改编为广东省琼崖人民抗日游击独立纵队（简称琼崖纵队），下辖4个支队，4000余人，冯白驹任司令员兼政治委员。各支队积极寻机作战，积极打击日、伪军，在琼山、文昌、澄迈等县建立了巩固的根据地。

1944年，敌后抗日根据地军民在局部反攻作战中，共作战2万余次，毙伤日、伪军22万人，俘虏日、伪军6万余人，争取日、伪军将近3万人反正，缴获各种火炮100余门、轻重机枪1200挺、步枪8万余支，收复县城16座，攻克据点碉堡5000多个，收复国土8万多平方公里，解放人口1200多万。①

1945年，敌后军民普遍对日伪军展开了新攻势。八路军、新四军在1945年的春、夏季攻势作战中，共歼灭日、伪军16万余人，攻克与收复县城61座，扩大解放区24万多平方公里，解放人口近1000万，把敌人进一步压缩到大中城市周围和主要交通线及沿海重要地区。到1945年春夏，全国已建立19块抗日根据地，如陕甘宁、晋察冀、晋冀豫、晋绥、山东、苏北、苏中、苏浙皖、淮北、淮南、皖江、浙东、河南、鄂豫皖、湘鄂、东江、琼崖等根据地，总面积约为95万平方公里，人口9550余万，八路军和新四军及其他人民武装发展到91万人，民兵220万人。

敌后战场的局部反攻作战，在战略上有力地策应

----

① 1944年12月31日《解放日报》

了国民党正面战场和英、美盟军的对日作战，同时也为对日转入全面大反攻准备了重要条件。

② 抗战后期的正面战场

1943 年初，苏联红军取得斯大林格勒战役的最后胜利，第二次世界大战开始朝着有利于反法西斯人民的方向发展。同年秋，太平洋战场的形势也发生了根本性的变化，日军已被迫转为守势。在印缅战场，盟军也正积极准备反攻缅甸。日军为早日从中国战场抽身，加强了对华攻势作战。随之，中国正面战场战事开始频繁。

常德会战

1943 年 11 月，日军为了策应太平洋战场和印缅作战，牵制中国军队南下进攻，发动了常德会战。在此次会战中，日军投入的兵力有：第十一军，下辖 5 个师团，总计 28 个联队，另有飞行第四十四战队及大批伪军，共计 10 万余人。

国民党军投入此次会战的部队有：第六战区，包括第二十九集团军，第十九集团军，第三十三集团军等；第九战区，包括第九十九军，第十军，第五十八军，第七十二军等。总兵力：2 个战区，计 16 个军 43 个师，共计 21 万余人。

常德的战略地位十分重要，属于湘西重镇，川贵门户，历来为兵家必争之地。武汉失守后，这里更成为重庆大后方的物资唯一补给线。

在会战中，日军求胜心切，疯狂进攻，中国军队则拼死作战，在常德及其附近地带多次与敌反复厮杀，战况惨烈，牺牲惨重。日军进攻常德市一地时，就先后投入约3万兵力，300余门火炮。中国守军第七十四军第五十七师兵力仅9000余人，在敌我力量悬殊的情况下与敌鏖战，坚守16昼夜，重创敌人，中国守军虽然牺牲惨重，但官兵宁可战死，绝不投降。在整个50余天的会战中，中国军队付出了伤亡6万余人、师长阵亡者即有3人的代价，也给骄狂的日寇以沉重打击，共毙伤日军2万余人。日军虽然曾艰难攻占了常德，但中国军队二线兵团随即展开反攻。会战以日军的被迫退却而告终。

在此次会战中，中国空军以及美军驻中国基地的空军也积极参战并取得重大战绩。中美空军集结轰炸机和驱逐机约200架，对日军飞机、舰船、地面部队展开攻击，有力地支援了地面作战。

常德会战，中国军队依托阵地节节顽强阻击，迟滞日军进攻，给敌重大消耗，并以反攻恢复了原来态势，给日军重创，粉碎了日军的作战企图；同时在战略上也配合了敌后战场的反"扫荡"、反"清乡"斗争，并配合了盟军在印缅战场的反攻作战。

豫湘桂战役

1944年初，反法西斯战争在世界各主要战场节节胜利，日本侵略者被动挨打，处境困难。在太平洋战场，美军对日军的反攻与进攻不断增强，日本在南洋的海上交通线被切断，而且在中国的长江补给线也在中美空军的攻击下也受到严重的威胁。为了挽救覆灭的命运，日本决定在中国战场上打通平汉、粤汉和湘桂铁路，以连接从中国东北，经北平、郑州、武汉、南宁通往东南亚的大陆交通线，并摧毁中国南部的中美空军基地。日本大本营把这次豫湘桂作战称做"打通大陆交通作战"，代号为"一号作战"。日军参加"一号作战"的总兵力约51万人、战马10万匹、火炮1551门、坦克794辆、汽车15550辆，从1944年4月至12月，历时8个多月。其参战人数之大、作战区域之广、作战距离之长、作战时间之久，都超过日本陆军以往的任何一次会战。

对于日军的大规模进攻，国民政府缺少足够的准备。另外，太平洋战争爆发及中国战区成立后，蒋介石的战略指导方针发生改变，他把胜利的希望过多地寄托在英美方面，因此出现积极配合盟军作战而忽略国内作战的思想。这种松懈产生了十分消极的影响，虽然国民党先后出动了100万军队节节抵抗，却最终没能阻挡住日军的进攻。

豫湘桂战役包括河南会战、长衡会战和桂柳会战三个阶段。战役的第一阶段是河南会战，日军出动的兵力约15万人，中国军队在35～40万人。由于作战准备不足，日军在4、5月间先后攻陷郑州、洛阳等地。之后，日军以13个师团为基干，总共投入36万余人开展了长衡会战，中国方面投入30多万兵力阻敌。日军6月攻陷长沙。6月26日，日军占领衡阳机场，并包围衡阳。中国政府调集各路援军增援，但未能突破包围圈。4万守军在孤立无援的情况下，反复同日军展开了激烈的争夺战，使日军遭受重大伤亡，终因敌我力量悬殊，阵地被日军突破，8月8日中国军队放弃衡阳。随后，日军从湖南、广东及越南三个方面向广西进攻，开始了桂柳会战。11月，日军攻陷桂林、柳州。之后，日军向贵州方向进攻，12月2日占领独山。国民政府为之震动，为了保卫西南后方，立即集中一切可用之兵力投入贵州作战，8日收复独山，迫使日军退回广西。12月，豫湘桂战役结束，日军打通了从华北到华南再至印度支那的通道。

在短短的8个月中，国民党军在豫湘桂战场上损兵六七十万人。丧失国土20余万平方公里，丢掉城市146座，失去空军基地7个、飞机场36个。日军在付出重大代价之后，虽然打通了大陆交通线，但始终没能全线通车。并且，在"一号作战"中日军消耗了庞大的兵力和作战物资，也使其战线拉得更长，兵力更为分散，占领区守备更为薄弱。日军在中国的攻势开始由强转弱。

豫西鄂北和湘西战役

在豫湘桂战役中，衡阳、桂林、柳州及粤赣边区的中美空军基地尽遭摧毁。在此情况下，中美开始扩建湖南西部芷江、湖北西北部老河口的机场，使之成为美军在华空军的两个最大的航空基地。1945年初，所建的空军基地投入使用，连续向日军主要交通干线华北、华中的铁路、公路和长江、湘江的航运展开攻击。为了消灭美国空军力量，日军于1945年初接连发动老河口和芷江作战，向豫西鄂北和湘西地区发动进攻，豫西鄂北和湘西战役开始。

1945 年 3 月，日军第十二集团军集结 4 个师团约 7 万人的兵力，坦克 100 余辆，骑兵 2000 人，各型飞机 106 架，分别集中在湖北荆门以北地区到河南舞阳、叶县、鲁山、洛宁等附近地区。1945 年 3 月 21 日，豫西、鄂北日军同时发起攻击。在豫西方面，日军第十二集团军分别由鲁山、叶县、舞阳、沙河店地区，分三路向西进攻。25 日，日军以一部进攻南阳，主力向西突进。26 日，日军骑兵第四旅向纵深突进，占领了老河口机场，随后，在日军第一一五师团支援下经激战于 4 月 8 日攻占老河口。4 月 12 日，中国军队在老河口实施反击，将日军逐出该地。30 日，南阳守军第六十八军第一四三师与日军激战 7 天后，由城东南突围，南阳失陷。在鄂北方面，日军由荆门地区北犯，于 23 日黄昏进占宜城，29 日攻陷襄阳，30 日占领樊城。4 月 16 日、18 日，中国军队分别收复襄阳、宜城以及樊城。襄河以西恢复会战前态势。在作战中，中国空军第四、第十一大队及中美混合团，直接支援地面作战，攻击日军及其后方，共出动各型飞机 1000 余架次，取得了显著战果。此次会战，日军虽达成进占豫西控制老河口空军基地的目标，但遭到相当大的打击，伤亡 1.5 万余人。

豫西鄂北战役刚刚结束，日军又向湘西发起了进攻。湘西地处黔川东面的门户，是进出黔、川，通向贵阳、重庆的军事要冲地带，战略地位十分重要。中

美设在粤赣边及湘桂地区的空军基地被日军破坏之后，
芷江机场，成为空军的重要基地。为了侵占芷江空军
基地，掩护湘桂、粤汉两铁路交通线，1945 年 4 月，
日军以第二十集团军第一一六、第四十七、第三十四、
第六十八师团等部共 8 万人，由益阳、邵阳、东安之
线向湘西地区发动进攻。湘西会战从 1945 年 4 月 9 日
开始，至 6 月 7 日结束。中国军队调集第三方面军、
第四方面军、第十集团军等共 10 个军 20 个师，加上
空军第五、二、三等 4 个大队和美国第十四航空队共
400 余架飞机，总兵力 11 万人，采取节节阻击，诱敌
深入，包围聚歼的作战方针。

　　4 月 9 日起，日军由邵阳地区分四路向西进攻。中
国军队在邵阳、新宁以西地区对日军展开逐次阻击，
并准备向日军实施反击。4 月 30 日，中国军队完成集
中后向武阳地区日军实施反击，5 月 1 日克复武阳。日
军向东南溃退。我军向东追击，于 12 日克复高沙。日
军残部 3000 余人在向东溃退中再遭我军的截击，伤亡
惨重，最后被围歼于武冈附近。5 月 6 日我军日攻克新
宁城。此后，中国军队以全力向东追击。在邵阳方面，
我军于 5 月 6 日挫败日军 6000 余人的进攻后，在空军
的有力支援下，于 8 日向日军实施全线反攻。

　　湘西会战，中国军队作战指挥得当，反击行动有
力，会战中共毙伤日军 2.4 万余人，缴获大小火炮 24
门，步枪 1300 余支，机枪 100 挺，战马 347 匹，其他
战利品 20 余吨，基本实现了预定作战计划，粉碎了
日军攻占芷江机场的企图。湘西会战后日军已无力在

中国战场进行攻势作战，开始转入战略收缩防御阶段。

桂柳反击战

1945年4月，日军从广西等地实行战略收缩。中国军队乘势追击，发动了桂柳反击战。桂柳反攻作战中，中国军队已处较大的优势，参战兵力为2个方面军、1个集团军、6个军共14个师，其中多数是新编练和装备的美械师，日军只有久战疲惫、兵员不足的3个师和2个独立混成旅。在空军方面，中国已完全掌握了制空权，占有绝对优势。桂柳反攻作战从5月开始至8月结束，中国军队先后收复南宁、柳州、桂林等湘桂铁路沿线各城镇，毙伤敌军9000余人。台湾出版的战史说："不及三月之间，推进七百五十余公里之距离，进展五万余平方公里之幅员，此实乃反攻致胜之先声。"

缅北反攻战

1942年5月，中英联军在缅甸防御作战中失利，日军占领缅甸，英军败退印度，中国远征军大部退回滇西，一部翻越野人山进入印度，后组成中国驻印军。

缅甸的失守，对远东反法西斯战争产生了消极影响。日军占领缅甸，打开了进攻印度的门户，印度已处于日军的直接攻击之下，岌岌可危。印度一旦失守，日军便可进逼中东，控制印度洋，与德国、意大利在军事上直接呼应，这将增加盟军在北非和欧洲战场的压力，影响盟军在太平洋战场的作战能力。因此，盟军从缅甸失守后，就开始考虑如何反攻缅甸。

　　1942 年 6 月，史迪威由印度返抵重庆，向蒋介石汇报关于在印度训练 10 万中国军队和在云南装备训练 30 个师与收复缅甸的计划，得到蒋的赞同。7 月 18 日，史迪威正式向蒋提出"反攻缅甸计划"。10 月 15 日，史迪威飞赴印度与英印军总司令韦维尔商讨收复缅甸计划。随后经过中、英、美三国的磋商，三方同意在 1943 年春季发动代号为"安纳吉姆"的作战行动。1943 年 5 月，罗斯福、丘吉尔及美、英高级军事幕僚在华盛顿举行"三叉戟"会议，会议决定于 1943 年秋季发动收复缅北的攻势，打通中印公路，作战主要由中英军队从印度东部的利多及中国军队从云南进夹击缅甸北部来实施。反攻缅甸的作战任务主要由中国驻印军和中国远征军担任，英军只担任助攻。作战目标主要是收复缅北和打通由利多经胡康河谷、密支那、八莫连接滇缅路的中印公路。8 月，美、英首脑和军事当局在加拿大的魁北克再次召开战略会议，收复缅甸的作战计划又一次被列入议程进行商讨。会后，罗斯福和丘吉尔致密函给蒋介石，得到蒋介石的积极回应。

　　1943 年 10 月，国民政府军事委员会依据同盟国魁北克会议的决定及东南亚战区攻势计划，与盟军协定，以中国驻印军主力，联合英、美盟军一部，沿中印公路向缅北推进，正式开始实施缅北反攻作战。

　　1943 年 11 月 28 日，中国驻印军先行部队攻克胡康河谷的日军重要据点于邦，取得缅北反攻的第一个重大胜利。12 月 28 日，中国驻印军分兵两路同缅北大举进军。1944 年 3 月 5 日，中国驻印军攻克缅北门户孟关；6 月 28 日，攻克战略枢纽孟拱；7 月 11 日，打通了从加迈，经孟拱到密支那的铁路、公路交通。当中国驻印军主力在孟拱与日军激战之时，中国驻印军一部对孟拱以东的密支那开始攻击。从 5 月中旬开始，经过 2 个多月的激战，8 月 3 日，中国军队终于攻克了密支那，歼灭日军 2000 余人，日军城防司令官水上源藏自杀身亡。至此，缅北各战略要点均为中国军队掌握。缅北反攻作战第一阶段作战结束。

1944 年 8 月至 10 月，中国驻印军决定利用雨季进行整补。10 月 10 日，中国驻印军总指挥部下达第二阶段作战命令。中国驻印军相继攻占缅甸重镇八莫、南坎。1945 年 1 月 27 日，中国驻印军攻取芒友，打通了中印公路，并与中国远征军会师。3 月 8 日，中国驻印军攻克腊戍。3 月 9 日，英印军占领曼德勒。3 月 30 日，中国驻印军与英印军于乔梅会师，缅北之日军大部被歼灭。缅北作战胜利结束。

在缅北反攻作战中，中国共投入 16 个师 17 万余人的兵力，收复缅北城镇 50 余处，毙伤日军 3.1 万人，缴获步枪 1100 余支，轻重机枪 600 余艇，汽车 600 余辆，打通了中印和滇缅公路，牵制了日本缅甸方面军的预备队，为英印军在帕尔地区的作战和整个缅甸战场的胜利作出了贡献。

滇西反攻战

第一次缅甸战役失败后，中国远征军一部由缅甸撤至滇西。1943 年 2 月，蒋介石任命陈诚为远征军司令长官，负责训练部队，筹划反攻方案。1943 年 11

月，陈诚因病辞去远征军司令长官职务，军事委员会任命卫立煌接替该职。

1944年4月中旬，中国远征军为策应缅北方面中国驻印军作战，打通中印公路，制订作战计划。5月，中国远征军下达攻击命令，第二十集团军各部，在强大的炮、空火力支援下，强渡怒江成功，揭开中国远征军反攻滇西的序幕。经过1个多月的激战，第二十集团军先后攻克马面关、桥头、北斋公房等日军坚固据点，并越过高黎贡山，向腾冲攻击。第十一集团军各部队也于6月初，分别在惠通桥、毕寨渡、三江口附近渡过怒江。

6月下旬，远征军长官部电令第二十集团军分兵3路，向腾冲攻击。腾冲扼滇缅公路要冲，位于大盈江东岸，四面环山，地形险峻，且城内工事极为坚固，外围各据点也是半永久性工事，易守难攻。当时，腾冲、龙陵、松山、平夏为日军在滇西高黎贡山的4大据点，其中尤以腾冲最为险固。6月25日，第二十集团军第五十三、第五十四军，分别越过龙川江上游向腾冲推进，至28日迫近腾冲外围。日军据险顽亢，第二十集团军攻击进展迟缓，苦战月余，日军被迫退入城内固守。经过2个月的苦战，中国军队于9月14日克复腾冲，日守军全部被歼。与此同时，远征军于9月8日攻占松山，全歼该地日军；11月攻克龙陵。腾冲、龙陵作战，远征军总计毙伤日军1万余人，俘260余人，缴获日军步枪1777支，轻重机枪164挺，火炮16门。中国远征军伤亡2.5万余人。

远征军攻克龙陵后，于 11 月 6 日沿滇缅路及其两侧分 3 路，向芒市、畹町进攻以扩大战果。11 月 20 日攻克芒市，11 月底进至遮放。1945 年 1 月上旬，3 路大军均进抵畹町附近，对日军形成包围，1 月 24 日攻占畹町。27 日，中国远征军与缅北作战的中国驻印军在芒友会师。至此，中国西南国际交通补给线完全打通，中国云南省的领土完全收复。1 月 28 日，中、美高级将领在畹町举行会师典礼。3 月，中国驻印军攻占腊戍，缅北、滇西作战至此结束。

中国驻印军和中国远征军发动的缅北、滇西反攻作战，历时 1 年多，收复缅北大、小城镇 50 余座，解放缅甸领土 8 万余平方公里，收复滇西失地 8.3 万平方公里，共歼灭日军 4.8 万余人，俘日军 647 人。中国驻印军和远征军也付出了重大牺牲，伤亡官兵约 6.7 万人。

缅北、滇西反攻作战，揭开了正面战场反攻的序幕。反攻的胜利，不但粉碎了日军封锁中国并从西南进攻中国抗战大后方的企图，保卫了西南边陲，而且极大地鼓舞了全国人民的抗战斗志，坚定了抗战必胜的信心。当胜利的消息传到国内后，各大报纸竞相刊登这一振奋人心的喜讯，进行热烈的庆祝。中共中央也通过《新华日报》表示热烈祝贺。

8 美国向日本投掷原子弹和苏联对日宣战

1945 年世界反法西斯同盟国军队，在各战场的反攻和进攻势如破竹，世界反法西斯战争临近最后的胜利。苏、美、英等同盟国军队从东西两线加速向德国推进。4月25日，苏军和美军的先遣部队在易北河畔会师。4月28日，墨索里尼被执行死刑。30日，希特勒在柏林自杀身亡。5月2日，苏军攻克柏林。5月8日，德国最高统帅部宣布向苏、美、英、法四国无条件投降。至此，欧洲反法西斯战争胜利结束。

德、意法西斯的覆灭，使日本法西斯陷于完全孤立的境地。盟军作战的重心也迅即东移，全力对付日本法西斯。然而，日本法西斯却孤注一掷，准备做垂死挣扎，进行所谓本土决战。1945年2月至5月，日本拼凑40多个师团约240万兵力，建立起从菲律宾的吕宋岛经台湾、琉球群岛至小笠原群岛的防线。在中国东北及朝鲜北部、日军配备75万兵力，企图以此与日本本土及外围诸岛连成一体，坚持长期作战。6月8日，日本御前会议制订了实施"本土决战"的战争指导基本大纲，提出"发挥一亿国民玉碎精神"，以保卫国土。6月下旬，美军进攻并占领冲绳，完成"越岛进攻"的最后一战。此时，日本东京、川崎、名古屋、大孤、横滨、神户6个大工业城市遭到美国空军的多次大规模轰炸，日本完全丧失了制空权。

1945年7月17日至8月2日，苏、美、英三国政府首脑斯大林、杜鲁门、丘吉尔（后为艾德礼）在德国柏林西南的波茨坦举行会议。7月26日，波茨坦会议以宣言的形式发表了《美英中促令日本投降之波茨坦公告》（简称《波茨坦公告》），敦促日本立即无条件投降。8月8日，苏联对日宣战，也正式声明加入公告。公告通告日本政府："立即宣布所有日本武装部队无条件投降，并对此种行动诚意实行予以适当及充分之保证。除此一途，日本即将迅速完全毁灭。"① 但日本拒绝接受《波茨坦公告》。

由于日本公开拒绝接受《波茨坦公告》，促使美国按原计划对日本使用原子弹。另外，冲绳岛战役也是美国决定使用原子弹的一个因素。4月至6月，美军在冲绳的登陆战虽然胜利，但此役美军也付出了极高的代价。战役结果是：日军死亡9万余人，被俘7400人；美军伤亡5万余人。为了加速日本投降，8月6日和9日，美国先后在日本广岛和长崎投下原子弹，导致日本平民死亡20余万人。

为尽快结束战争，美、英等国一直希望苏联参加对日作战。1943年11月28日至12月1日，苏、美、英三国在伊朗首都德黑兰召开会议，会议商定，英、美于1944年5月在欧洲开辟第二战场，而苏联则允诺一旦欧洲战争结束，立即参加对日作战。1945年2月4日至11日，美、英、苏三国首脑再次在雅尔塔举行会晤。会议签署了《雅尔塔协定》，协定规定在德国投降及欧洲战争结束后2个月或3个月内，苏联将参加同盟国方面的对日本作战，其条件为：外蒙古的现状须予以维持，库页岛南部及邻近一切岛屿归还苏联，

① 国际条约集编辑部：《国际条约集（1945~1947）》，世界知识出版社，1959，第77~78页。

大连商港须国际化，苏联在该港的优越权益须予保证，苏联之租用旅顺港为海军基地须予恢复，对担任通往大连之出路的中东铁路和南满铁路应设立一苏中合办的公司以共同经营之，千岛群岛须交予苏联。①

《雅尔塔协定》确定了苏联参加对日作战的时间，协调了同盟国对日作战的军事行动，对于加速击败日本法西斯起到了一定的积极作用。但是，《雅尔塔协定》也践踏了中国主权。

1945年8月8日，苏联发表对日作战宣言，宣布从9日起与日本进入战争状态，同时宣布参加《波茨坦公告》。8月9日，蒋介石在致斯大林的电文中说："苏联今已向日本宣战。中国全国人民深为振奋，余谨代表中国政府及全体军民，向阁下及贵国政府与英勇之苏联军民表示诚挚之佩慰。"同日，毛泽东与朱德也致电斯大林说："我们代表中国人民，对苏联政府的对日宣战，表示热烈的欢迎。中国解放区的一万万人民及其军队，将以全力配合红军及其他同盟国军队消灭万恶的日本侵略者。"

苏联宣布参战后，立即以11个合成集团军、1个坦克集团军、1个骑兵机械化集群、3个航空兵集团军、3个防空集团军，共计陆军80个师，火炮2.6万门，坦克和自行火炮5500余辆，作战飞机3800余架，海军各种舰艇500余艘，海军航空兵飞机1500余架，总兵力

---

① 《德黑兰、雅尔塔、波茨坦会议记录摘编》，上海人民出版社，1974，第241页。

150 余万人进入中国东北。此时关东军辖第一、第三方面军，6 个集团军和第 2 航空集团军，共计 24 个师团又12 个旅团，70 余万人；伪满、伪蒙军 8 个师又 12 个旅，20 余万人；日、伪军总兵力近 100 万人。作战飞机 150架，坦克 160 辆，各种火炮 5000 门。但是，关东军绝大部分是刚组建的部队，其战斗力大大下降。

8 月 9 日，苏联分四路越过中苏、中蒙边境，向驻扎在中国东北的关东军发动全线进攻。15 日占领多伦、康保，17 日占领牡丹江、佳木斯、赤峰，19 日占领张北、齐齐哈尔，20 日占领哈尔滨、长春、沈阳。苏联海军太平洋舰队也先后在朝鲜北部、千岛群岛登陆，协同陆军作战，切断了日军的海上退路。在苏联发起的对日远东战役中，歼灭全部关东军、伪满军和伪蒙军，日军损失官兵约 70 万人，其中 8.3 万人被击毙，60.9 万人被俘。苏军伤亡 3.2 万余人。

苏联军队出兵中国东北，对日本关东军发动进攻，加速了日本法西斯的覆灭，缩短了同盟国对日作战的时间。

4 日本投降与中国抗日战争的最后胜利

在苏联红军出兵中国东北的 8 月 9 日，毛泽东发表《对日寇的最后一战》，号召对日军发动全面反攻。此后，中国共产党领导的华北、华中、华南根据地近100 万正规军、220 万民兵，向日、伪军展开了宏大规模的全面反攻。

晋察冀军区部队在 8 月以后的大反攻中，共歼灭日、伪军 7 万余人，解放了察哈尔、热河省的全部，河北省大部，山西、绥远、辽宁各一部，收复张家口、宣化、集宁、丰镇、承德、秦皇岛、山海关、绥中、锦州 等 70 多座城市。晋绥军区部队经 10 余天反攻作战，共收复城市 22 座。晋冀鲁豫边区部队于 8 月 13 日开始对日、伪军进行全面反攻，共歼灭日、伪军 5 万余人，收复县城 59 座。山东军区于 8 月 11 日进行全面反攻，共歼灭日、伪军 6 万余人，解放县城 46 座，攻克烟台、威海卫等沿海城市、港口 6 处。8 月 11 日，新四军向华中各地日军发出最后通牒，随后向日、伪军展开全面反攻。新四军各部队在这次大反攻中，共歼灭日、伪军 7 万余人，解放县城 40 座，重要市镇 440 余处，收复了大片国土。在华南，东江纵队、珠江纵队、琼崖纵队等人民武装力量也发动了反攻作战并取得辉煌战绩。东北抗日联军，也随同苏联红军参加了消灭关东军的战斗。

八路军、新四军、华南人民武装力量和东北抗日联军，在对日军实行全面反攻中，伤俘日、伪军 39.87 万余人，收复县以上城市 250 余座，取得了重大胜利。

在正面战场，日军已无力继续作战，而随着日军的收缩，国民党军队跟进占领了沿海及交通线附近的许多城镇。

此时，日本军国主义统治集团已经穷途末路。8 月 9 日，日本军政要人在皇宫防空洞内召开最高战争指导会议，讨论战与降的问题。铃木首相根据美国在广岛投掷原子弹、苏联参加对日作战等情况，认为日本已经到了不得不接受《波茨坦公告》的地步。陆相阿南惟几、参谋总长梅津美治郎、军令部总长丰田贞次郎也不得不默认严峻的事实，但反对无条件投降。正当日本最高战争指导会议争论不休之时，当日美军又在长崎投下了第 2 颗原子弹。在巨大的压力之下，铃木首相请天皇"圣断"，天皇同意以不变更天皇统治国家大权作为接受《波茨坦公告》的附带条件。8 月 10日，日本外务省通过中立国瑞士、瑞典政府，将日本接受《波茨坦公告》的照会转交中、美、英、苏四国政府。照会称：日本政府准备接受美、中、英三国政府首脑于 1945 年 7 月 26 日在波茨坦发表、后经苏联政府赞同的联合公报所列条款，而附以一项谅解，即上项公告并不包括任何有损天皇为最高统治者权利的要求。日本政府竭诚希望这一谅解获得保证，且切望迅速得到关于对此的明确表示。

8 月 12 日，美国国务卿贝尔纳斯代表美、英、中、苏四国政府答复日本。答复强调：自投降之时刻起，日本天皇及日本政府统治国家之权力，即须听从盟国最高统帅之命令。日本天皇必须授权并保证日本政府及日本帝国大本营能签字于必须之投降条款，使《波茨坦公告》之规定能获实施，按照《波茨坦公告》，日本政府之最后形式将依日本人民自由表示之意愿确定。

8 月 12 日和 13 日，日本军国主义统治集团反复召开内阁会议、皇族会议和最高战争指导会议，讨论同盟国复文。14 日，召开御前会议，天皇见大势已去，做出接受盟国答复的决定，并要政府起草《终战诏书》。是日，日本政府正式照会中、美、英、苏四国政府，表示接受《波茨坦公告》。8月15日中午，日本天皇裕仁以广播播送《终战诏书》的形式，宣布无条件投降。

8月16日，日本天皇向国内外的日本陆海军人颁布敕令，命令他们遵照《终战诏书》向同盟国军队投降。从这时起到9月中旬，远东、东南亚各国、南太平洋地区和太平洋诸岛的300多万日军，陆续向同盟国军队投降。

9月2日9时，在停泊于东京湾的美国"密苏里"号战列舰上，举行了日本向盟国投降的签字仪式。日本外相重光葵代表天皇和政府，陆军参谋总长梅津美治郎代表日本帝国大本营在投降书上签字，向同盟国无条件投降。受降的盟军最高统帅麦克阿瑟上将、美国代表尼米兹海军上将、中国代表徐永昌上将、英国代表福莱塞海军上将、苏联代表杰列维亚科中将，以及澳大利亚、加拿大、法国、荷兰、新西兰等国政府的代表签字。盟军最高司令官麦克阿瑟在签字仪式上发表简短宣言。他说："以今天这个严肃的仪式为转机，从过去的流血和蛮行中，奠定更美好的世界——建筑在信赖和谅解之上的、能为人类的尊严和人类最理想的愿望即自由、宽容和正义的实现做出贡献的世界——才是我最大的希望，也才是人类真正的希望。"签字仪式结束后，数千驾美式飞机越过"密苏里"号军舰上空，庆祝这个具有伟大历史意义的纪念时刻。

至此，中国抗日战争胜利结束，世界反法西斯战争也胜利结束。国民政府决定 9 月 3 日为抗日战争胜利纪念日。同日，毛泽东为《新华日报》题词："庆祝抗日胜利，中华民族解放万岁！"此后，中国人民一直将 9 月 3 日作为抗日战争胜利纪念日。

日本政府宣布投降后，各战区分别举行了日本投降签字仪式。中国战区的受降范围包括：中国（东北除外）、台湾、越南北纬十六度以北地区之全部日军。10 月 25 日，中国战区台湾受降典礼在台北市公会堂举行。受降主官陈仪代表中国政府正式宣告：自即日起，台湾及澎湖列岛已正式重入中国版图，所有一切土地、人民、政事皆已置于中国主权之下。至此，被日本帝国主义侵占长达 50 年的宝岛台湾重新回到祖国怀抱。10 月 25 日被定为台湾光复日。

经过艰苦卓绝的长期抗战，中国人民终于在世界反法西斯战争走向胜利的进程中彻底打败了日本侵略者。中国人民的巨大民族觉醒、空前民族团结和英勇的民族抗争，是中国人民抗日战争胜利的决定性因素。抗日战争时期，中国军队进行大小战斗共计近 20 万次，重要战役 200 余次，歼灭日军 150 余万人，战争结束时接受日军 128 万人投降。中国战场歼灭的日本军事力量，约占日军在第二次世界大战中死亡人数的70%，对其彻底覆灭起到了决定性的作用。同时，中国人民也付出了巨大的民族牺牲。中国军民伤亡 3500 万人以上，其中军队伤亡 380 余万人。中国遭受的直接经济损失达 1000 亿美元，间接经济损失 5000 亿美元。中国抗日战争对世界反法西斯战争作出了伟大的历史贡献。

九　抗日战争是中国
复兴的枢纽

走向现代民族国家之路

　　抗日战争是近代以来中国第一次完全打败侵略者的民族解放战争，中国由此摆脱了在旧国际体系中的屈辱地位，完成了从衰落走向复兴的伟大历史转折。在战争中，中国不仅国际地位得到极大提高，而且以废除不平等条约运动为标志，中国从真正意义上走上了现代民族国家之路。

　　1842 年中英签订《南京条约》后 100 年间，列强强加给中国近千项不平等条约，因此，中国人民为废除不平等条约进行了长期的斗争。清末改良派、戊戌维新派曾明确要求修改不平等条约。其后，辛亥革命、五四运动等都曾为废除不平等条约而斗争。清政府、北洋政府、国民党政府也先后向列强提出修改不平等条约的要求。中国共产党成立后，第一次对时局主张就提出"改正协定关税制"、"取消列强在华各种治外特权"；中国共产党在第三次全国代表大会上规定，党目前的主要任务之一就是"取消帝国主义列强与中国所订的一切不平等的条约"。1924年1月，中国共产党又与国民党合作共同制订了废除不平等条约的政纲。随后掀起群众性的反帝废约运动。至1930年，中国虽然取得了一定程度的关税自主权，但是在废除列强的治外法权、领事裁判权等方面，难以取得进展。而抗日战争则为中国废除与列强的不平等条约提供了机会和条件。

太平洋战争爆发后，中国战场成为了反法西斯战争的重要战场之一。对于中国抗战的作用，英国驻华大使早在1938年5月关于中国战况的报告中就说过："中国既是为他们自己而战，也是为我们而战，因为只有打败日本才能把我们从亚洲的灾难中解救出来。"①由于中国抗战在反法西斯战争中的重要地位和作用，使得中国的国际地位迅速提高，以此为背景废除旧约和订立新约的时机成熟。

1942年，中、美、英、苏等26个国家在华盛顿签署26国公约（后称《联合国宣言》），中国成为世界反法西斯阵线的重要成员。美英为了联合中国共同抗击日军，于1942年10月9日，分别通知中国政府，愿意立即放弃在华治外法权及有关权益，并准备尽快与中国政府进行谈判，以便缔结放弃在华治外法权及解决有关问题的条约。10月24日，美方向中国驻美

---

① 〔英〕伍特华等编《英国外交政策文件（1919~1939）》第21卷，伦敦，英国皇家文书局，1984，第762页。

大使馆提交了美中条约草案。30日，英国驻华大使向中国外交部递交了英中条约草案。随后，中国外交部提出修正案，经过2个多月谈判，终于在1943年1月11日，分别在华盛顿签署《中美新约》，在重庆签署《中英新约》。5月20日，中美、中英正式交换批文，即日生效。

美、英废除对华不平等条约后，享有对华不平等条约特权的巴西、加拿大、挪威、荷兰、比利时等国，也相继宣布放弃在华特权，并与中国签订平等关系的新约。通过废除旧约和签订新约，解除了长期束缚中国人民的枷锁，恢复了中华民族在世界上应有的地位和尊严。为此，中国共产党中央委员会发表了《关于庆祝中英、中美间废除不平等条约的决定》（简称《决定》）。《决定》指出："我们应当庆祝不平等条约的废除。各地在战地环境许可下，均应于旧历元旦前后召开军民庆祝大会，庆祝中英、中美间新的关系与新的团结，坚定军民抗战信心，号召军民为驱逐日寇，完成中国独立解放而斗争到底。"其他各党派、各群众团体及全国各族人民，都为签订新约而欢欣鼓舞。

对战时废约给予何种评价，这是一个尚有争议的问题。正如人们所指出的那样，不平等条约的废除并不标志着中国在实际上已经取得了与英、美完全平等的地位。但是，决定这一状况的主要因素是此时的国力差距及历史的遗留影响，而并非基于条约的规定。就法理而言，中国已经恢复了曾经丧失的部分国家主权，在法律上已不再处于被歧视地位，它在世界民族之林中的平等地位得到了确认。虽然这距中华民族的彻底解放尚有距离，但这毕竟是民族解放进程中的一个重要阶梯。废约之所以实现的主要原因，既不是美、英两国的恩赐，也不是中国外交技巧发生了作用，而是中国军民5年多的浴血奋战。如果没有中国付出巨大牺牲而牵制住100万日军，战时废约是不可想象的。毫无疑问，无数中国抗日军民的生命鲜血换来了废约的实现，它是全体中国人民共同奋斗的结果。从此，中国作为一个拥有完全主权的国家，跻身世界四大强国之中。

当然，废约的实现与名列"四强"，并不标志着中国已经真正地与英、美、苏等强国平起平坐了。中国是一个大国，但它仍然是一个弱国，在国际交往中还未能完全摆脱受人支配的地位。中华人民共和国的建立，才彻底改变了这一状况。作为新中国临时宪法的《共同纲领》宣布："中华人民共和国必须彻底取消帝国主义国家在中国的一切特权。"规定："对于国民党政府与外国政府所订立的各项条约和协定，中华人民共和国中央政府应加以审查，按其内容，分别予以承认，或废除，或修改，或重订。"这标志着中国已经在完全意义上取得了独立主权地位，走上了现代民族国家之路。

2 沿海工业内迁与工业化传动

以往人们对抗日战争历史经验的总结，主要集中在抗日战争对中国近代民族、民主革命的影响方面，而实际上，抗日战争对中国的现代化进程也发生过重要影响。

如果说甲午战争已经表明日本的侵略对中国的现代化进程产生了重大影响，那么到了20世纪30年代，日本对中国发起的全面侵略战争，则完全打断了中国原有的现代化进程。在抗日战争爆发前的10年里，中国现代化工业平均每年的增长率约为7.6%，而且这种增长突出地表现在基础工业上，[①] 1936年资本主义生产已占工业总产值的65%，占工农业总产值的24.48%。[②] 日本对中国的侵略，彻底地打断了中国原有的现代化进程。先是日本对中国东北的占领，使中国丧失了1/3的森林、铁矿和煤矿，4/10的铁路，7/10的大豆产量，2/5的出口贸易，以及93%的石油，55%的黄金。[③] 另据统计，至1932年底，中国政府在东北的损失达178亿元，加上私人损失，不下200亿元。[④] 在全面侵华的8年间，日本占领了中国城市总数的47%以上，其中包括了80%以上的大城市。这些城市，聚集着中国几乎全部的现代化工业。这些工业，有的直接损毁于炮火，有的因战争而失去运转的条件导致关闭，有的被迫内迁损毁于途中。在沦陷区，日

---

① 郑竹园：《日本侵华战争对中国经济的影响》，罗荣渠、牛大勇主编《中国现代化历程的探索》，北京大学出版社，1992，第212页。

② 吴承明：《中国现代化：市场与社会》，三联书店，2001，第105页。

③ 骆清华：《五十年来之中国经济》，台北，文海出版社，第232~233页。

④ 罗家伦主编《革命文献》第35辑，正中书局，1977，第1328页。

军不仅任意掠夺公私财产，还截留税收，把持金融，并建立起依附于日本的以掠夺中国资源财富为目标的殖民地经济体系。据1995年中国政府公布的数字，中国在抗日战争中的直接财产损失是1000亿美元，间接损失是5000亿美元。对于本来就十分贫穷的中国来说，上述战争损失不仅使中国原有的现代化进程难以为继，而且还使经济全面崩溃。

但是，抗日战争的爆发，虽然极大地破坏了中国原有的现代化进程，但为了拯救民族危亡，新的现代化进程又在中国反抗日本侵略的过程中悄然开启。抗战爆发后不久，中国共产党在《抗日救国十大纲领》中就提出了"整顿与扩大国防生产，发展农村经济"的号召。国民党也在《抗战建国纲领》中提出抗战与建国并存的号召。在战时经济建设中，中国逐渐积累起诸多现代化的因素。尤其是被称做工业化传动的沿海工业的内迁，改变了中国西部工业落后的状况，不仅对战时中国经济，也对战后中国现代化建设起到了深远影响。

全面抗战爆发后，东南沿江、沿海地区迅速陷落，全国工业基地遭到毁灭性的打击和破坏。据统计，纺织业损失70%，面粉业损失60%，机器造纸业损失84%，国防制碱业损失82%，火柴业损失53%，盐酸制造业损失80%，全国6344家工厂，损失达60%。[①]

---

① 忻平：《1937：深重的灾难与历史的转折》，上海人民出版社，1999，第513页。

而此时军需民用方面的需求却大幅度上升，于是，国民政府和广大爱国工商人士及民族资本家，共同发起组织了国营与民族工业大迁徙。内迁的目的地主要是四川、云南、贵州、陕西、广西和湘西等地，其中四川省迁入的工厂数最多。内迁工业包括冶金、机械、化工、电器仪表、纺织、食品等上百种企业，各行业内产品品种繁多，几乎包括了当时中国有能力生产的所有产品，形成了一个基本能够自给的、比较稳定的体系和工业基础结构。此外，在工业重心迁移的过程中，各类人才、资金、设备、技术和市场也从沿海和长江流域向西转移。工业内迁，客观上为西部地区的经济发展提供了较好的历史机遇和条件。

随着沿海工业的内迁，中国的重工业、能源工业和轻工业都有了空前的发展。如钢铁工业，国民政府根据西部地区煤、铁矿的分布、储量及交通运输等条件，在那里大规模投资新建、改建和扩建钢铁企业，这些企业基本具备了从冶炼、炼钢、轧钢到制造各种板材、角钢、线材以及各种军工所需钢材品种的能力。如有色金属的勘探与开发，很早就受到国民政府资源委员会的重视，在战时分别在四川、云南、广西、湖南兴建了一批铜、铅、锌、钨、锑、锡、汞的采矿与冶炼企业，其中不少企业至今仍保持着较大的生产能力。如能源工业，不仅四川、湖南、广西、云南、贵州、陕西、甘肃、西康都建立了一批新煤矿，还勘探和开发了甘肃玉门油矿并很快出油，油产量连年猛增，1939 年为 1.8 万余升，1942 年增至 818.3 万升，1944

年达到 1814.4 万升。[①] 如机械工业，战时西部地区的机器制造与机器修配业也得到了很大的发展，仅云南省即建立了中央机器厂、中央电工器材厂、中国汽车制造公司、中央汽配厂等大中型骨干企业，能够生产汽轮机、轧钢机、锅炉、鼓风机、各类机床、齿轮、轴承、电焊条、各类工具及仪表等上千种产品。如化工业，战时四川、贵州、云南、陕西、甘肃等省大规模出产纯碱、烧碱和盐酸、硫酸、硝酸等化学品。另外，工业内迁也带动了西部地区轻工业的巨大发展。

战时工业内迁的影响十分深远。首先，通过内迁，极大地调整和改变了中国工业生产力布局。这种调整，缩小了东西部工业发展的差距，使现代工业布局趋于合理。其次，内迁促进了中国生产力水平的大幅提高，无论是矿业、重工业、能源工业和轻工业，还是生产技术与管理方式都得到了空前提高。再次，内迁不仅刺激了重庆、贵阳、昆明、桂林、西安等大中城市的工业发展，同时也在比较边远地区形成了近代工业新的生长点，这些地区的许多特色工业，至今仍然保留并发挥其作用。

除工业内迁外，农业、交通建设、金融、通信，在战时也都有了很大发展。

共产党领导的敌后根据地，由于它是建立在中国经济最为落后的地区，在那里并不具备实现现代化经

---

① 刘国良：《中国工业史·近代卷》，江苏科学技术出版社，1992，第405页；孙越崎：《我和资源委员会》，《回忆国民党政府资源委员会》，中国文史出版社，1988。

济的条件。但是共产党制定与实施的包括减租减息、鼓励垦荒、发放农贷、发展商业等一系列经济政策，不仅使抗日力量在贫困的地区得以生存，而且在一定程度上改善了人民的物质生活。而这些变化，也促进了落后地区经济的发展。

8 社会文化的变迁

在抗日战争期间，中华民族的现代化因素积累的一个重要表现是社会文化领域发展因素的积累。这主要体现在文化机构和学校的内迁对文化落后地区的影响，大规模人口流动促成的新生活方式的出现、妇女解放运动的兴起，各思想流派的活跃等方面。

抗日战争爆发后，北平、上海、南京、武汉等许多大城市相继沦陷。为了使中华民族文化教育得以延续，国民政府决定将高等院校内迁至西南后方。这是国民政府为保护教育和人才所实施的一个重要措施。从1937年起，各高校开始了史无前例的大迁移。1938年，国民政府还特别成立了全国战时教育协会，负责全国各地学校和研究所的壬建工作。高校内迁基本于1939年年底完成。到1940年学校和学生都恢复到战前水平，大学为113所，学生为52376人。到1946年，大学为189所，学生达129326人。另外，一些中学也参加了内迁。

抗战时期高校内迁的意义不仅仅在于保存了中国高校教育资源，同时对于改变地区文化教育的不均衡状况及推动西南、西北地区教育事业的发展具有重大意义。

内迁高校中多数迁至文化落后的偏远地区。抗战之前，中国高校多集中在东南沿海地区，而西部地区少有高校，有的省份连一所专科学校都没有。西部高校的总数低于北平一市，更不足上海的一半。战时高校内迁，完全改变了这种教育资源分布不合理的情况。内迁高校多数在战后返回，但也有部分高校中的部分专业课程教育以及教员留在了当地，为当地高等教育继续发挥作用。值得关注的是，通过内迁高校的师范教育，为西部落后地区培养了大量教师，也为这些地区教育的长远发展起到了促进作用。另外，内迁高校在极端艰苦的条件下，也取得了教学与科研的进步。一些研究成果被应用到当地生产，如土壤和农作物的改良，工业生产的技术革新，等等，起到了推动地方经济发展的作用。

抗战期间中国社会文化变迁的一个重要表现是人口大迁徙带来的特殊的文化交融和社会变迁。社会学家孙本文认为：整个抗战时期由于东部人口大量迁入西部地区，使得后方社会发生了巨大的变化，比如民俗方面"使东西两部风俗得接触的机会。不仅使一般人民知道全国风俗的不同，而且因相互观摩，而得接触和改良的利益。加诸抗战期间，生活上一切因陋就简，可以省却平时的许多繁文缛节。我国社会上不少礼仪获得合理化和简单化的机会"。① 社会风气和人民

---

① 孙本文：《现代中国社会问题》第 1 册，商务印书馆，1946，第 261 页。

素质，都发生了变化。而国民素质的提高是建设现代化国家必备的条件之一。

战时社会文化变迁，还表现在妇女运动的兴起方面。中国是一个长期受到封建主义影响的国家，妇女的地位一直十分低下。虽然在辛亥革命、新文化运动、五四运动、北伐战争等重大社会动荡时期，妇女解放运动开启并取得了成绩，但是总体上看，直到抗日战争爆发之前，中国广大妇女仍然处在男权压力之下。而抗日战争的到来，很快改变了这种状况。

抗日战争是中华民族全体的反侵略战争，战争的胜负影响着无论男女的每一个中国人的命运。而战争的一般规律有两点是明显的：一是妇女的弱势使其更容易受到伤害，前述日军对中国妇女的暴行说明了这个问题；一是战争的完成需要大量的男性走上前线。前者，促成了妇女比任何时候都更加积极地参与到与自身命运相关的战斗中去。而后者，又为妇女参加这样的战斗提供了条件。抗日战争时期，无论是在国统区，还根据地，妇女运动都得到了空前发展。

在国统区，以新运妇女运动指导委员会（简称"新运妇指会"）为典型，大量妇女被组织起来服务抗战，做出了很大成绩。1938年5月，宋美龄提议将新运妇指会改组成动员全国妇女参加抗战建国工作的全国性总机构，得到包括共产党人在内的各界妇女代表的支持与赞同。改组后的新运妇指会提出了妇女在战时的任务是宣传救护、征募慰劳、儿童保育、战地服务、从事工农业生产与合作事业等工作。该机构下设慰劳组、生活指导组、训练组、生产事业组、文化事业组、乡村服务组、儿童保育组、总务组和联络委员会。各分机构负责人包含各党派、各团体，是一个名副其实的统一战线组织，它为组织动员广大妇女群众投入抗日运动做了许多工作。

新运促进总会组织的战时服务团、医务委员会、伤兵慰问组等服务团体直接服务于抗日前线。据统计，从1939年春到1942年底，新运医疗队共治愈受伤人员达10余万，敷伤60余万人次，施行大小手术1万余次，矫治骨折800多人。① 在后方，新运总会及新运妇指会开办了许多小型工厂，招收受难同胞工作，一方面使其自力更生，改善生活，另一方面又为政府增加了战时物资，支援了抗战。

在中国共产党领导的抗日民主根据地，妇女运动也蓬勃开展。为了培养妇女干部，延安设立了中国女子大学。1939年7月20日，在开学典礼上，毛泽东发表讲话："女大的成立，在政治上是有着非常重大的意义。它不仅是培养大批有理论武装的妇女干部，而且要培养大批做实际工作的妇女运动的干部。假如中国没有占半数的妇女的觉醒，中国抗战是不会胜利的。"最后他总结说："全国妇女起来之日，就是中国革命胜利之时。"中国女子大学培养了一大批妇女干部，她们为抗日战争作出了重要贡献。另外，在延安和其他抗日根据地，还大量举办妇女认字班、培训班，等等，

① 《新生活运动》，国民政府行政院新闻局印行，1947，第34页。

不仅培养了许多基层妇女干部，也使大量农村妇女因认字而改变了精神面貌。抗日根据地的社会风气也为之一新。

进步力量主导了中国未来走向

抗日战争是中华民族团结一致的反侵略战争，而不是任何一个党派的战争。但是，通过这场战争，也造成了中国内部党派力量的对比和进步力量的上升。

国共两党分别领导的正面战场和敌后战场，同样为中华民族的解放战争作出了重要贡献。而如果说中国共产党是中国抗日战争的中流砥柱，那么这是指，中国共产党倡导了以国共合作为基础的抗日民族统一战线，充分发动了中国人民参加到民族解放运动中去。没有共产党的努力，没有共产党领导的敌后战场的开辟，抗日战争是无法取得胜利的。以国共合作为基础的抗日民族统一战线，保障了中国的抗日战争坚持到最后胜利。然而，即使是在一致对外的抗日战争中，国共两党也出现过纷争甚至武装冲突。这是因为，两党的理念与宗旨是完全不同的，代表的阶级与阶层也完全不同，这就寻致了党派利益诉求的分歧。

8年抗战中不仅存在着两个战场，而且两个战场的两种不同抗战指导路线，存在着代表中国进步方向和落后方向的两种社会政治力量。由于日本的侵略，民族矛盾成为中国社会的主要矛盾，在8年时间里一直占据支配地位。但是，阶级矛盾并没有因为抗日战争的开展而消失，在 8 年抗战期间，以国共两党为代表的社会进步力量与社会落后力量之间的矛盾，不仅存在着，而且有时还表现得十分激烈。随着抗日战争的进程，两个战场在解决民族矛盾的抗日战争中所起的作用不断发生变化，而这种变化所带来的结果之一，是代表中国社会进步方向的政治力量逐渐发展壮大，代表中国落后方向的政治力量不断削弱。这种力量对比的转变，最终又为解决阶级矛盾创造了条件，中国历史也因此而发生重要转折。

抗日战争时期，中国实际上存在着两个不同性质的政权：一个是由国民党掌握的国民政府；一个是共产党掌握的敌后抗日民主政权，它名义上是隶属于国民政府的地方政权，实际上它在施政纲领不超出抗日民族统一战线所允许的范围条件下，是独立的政权。

抗战开始后，国共两党都提出了抗战建国纲领和具体的施政目标。共产党抗日民主政权的方针主要是：（1）敌后根据地政权的性质，是抗日民族统一战线的政权，即几个革命阶级联合起来，对汉奸和反动派专政；（2）抗日民主政权的组织原则是"三三制"，即在政权人员的分配上，共产党员、非党的左派分子和中间派各占1/3；（3）抗日民主政权的施政方针，应以反对日伪汉奸，保护人民，调节各阶级利益，改良工农生活为基本出发点；（4）强调加强抗日民主政权建设，将有助于推动建立全国的统一战线政权。在这些方针指导之下，各抗日民主根据地通过政治、经济、文化等方面的社会改革，基本上由半殖民地半封建社会转变为具有新民主主义性质的社会，经济文化得到进步和发展。

国民党虽然也提出了基本符合战时需要的抗战建国纲领，但实际上，它的对内统治政策并未因此而发生实质性的改变。这主要表现为，在政治方面，继续坚持一党独裁，延续和重新制定了限制人民民主权利的法令；在经济方面，坚持实行所谓的"战时经济政策"，不肯改变落后的经济制度，并且加强了官僚资本的统治地位；在文化方面，宣扬封建专制主义的思想文化，坚持把中国人民束缚在所谓"中国固有的政治与伦理哲学的正统思想"之下。这些政策的执行，导致了国民党统治区的腐败与专制、经济危机、生产凋敝、人民生活难以为继。事实上，抗日战争时期国民党统治下的区域，从社会性质上说，仍然属于半殖民地半封建社会。

国共两党所代表的两种不同性质的政权的客观存在，又使代表着中国社会两种不同发展方向的政治力量之间不可避免地产生矛盾和斗争。特别是抗日战争战略相持阶段以后，这种矛盾和斗争变得尖锐起来。一方面，由于日本把作战目标首先放在了巩固占领区方面，在一定程度上减缓了正面战场的军事压力；一方面，在深入敌后广泛开展抗日游击战的同时，共产党的力量得到了显著发展，使得国民党产生了忧虑和恐惧。于是在亢日与反共之间，国民党产生了摇摆。在对待日本方面，1938年底国民党副总裁汪精卫公开投降日本之后，蒋介石虽然强烈谴责了这种叛国行为，但他也没有放弃通过和谈结束战争的希望，从 1939 年开始，他派人与日本进行秘密接触。在对待共产党方面，1939 年国民党秘密制订了《限制异党活动办法》、《共产党问题处置办法》、《处理异党实施方案》、《防止异党兵运方案》等反共文件，加强了防共、限共、溶共、反共活动。这些情况表明，中国面临着对日妥协和内部分裂的危险。在此形势之下，共产党提出了坚持抗战反对妥协、坚持团结反对分裂、坚持进步反对倒退的口号，毫不动摇地继续发展壮大人民力量，对于国民党的反共活动予以坚决打击。

1939 年年末到 1940 年春，国民党军队分别进攻陕甘宁边区和山西人民抗日武装，在八路军的坚决反击下，这次反共高潮未能达到阻止人民抗日力量发展的目的。1941 年 1 月，国民党调集 8 万余人在皖南袭击绕道北上的新四军军部及其所属部队 9000 余官兵，新四军除 2000 余人突围外，大部牺牲，军长叶挺被俘。这就是震惊中外的皖南事变。事变发生后，共产党一面做好反击国民党继续进攻的军事准备，重建新四军军部；一面进行政治斗争，向人民揭露和斥责国民党的反共暴行。在共产党的斗争和国内外舆论的谴责下，蒋介石被迫声明"以后决无'剿共'的军事"。[①] 1943 年 7 月，国民党以 3 个师的兵力进犯陕甘宁边区关中分区，由于八路军做好了守卫边区的充分准备，并且

---

① 皖南事变编纂委员会：《中国共产党历史资料丛书——皖南事变》，第 251 页；转引自刘大年、白介夫主编《中国复兴枢纽——抗日战争的八年》，北京出版社，1997，第 222 页。

全国舆论纷纷谴责国民党的反共活动，这次反共尚未形成高潮即被制止。

在军事较量的同时，国共两党在意识形态方面也进行了针锋相对的斗争。中国如何建国？建设一个什么样的国家？两党的主张截然相反。

1940年，毛泽东发表《新民主主义论》，提出了建立新民主主义中国的主张。他指出，新民主主义的政治，应当是无产阶级领导的各革命阶级的联合专政，而以人民代表大会和民主集中制的政府作为国家政权的构成形式。新民主主义的经济，应当是把操纵国计民生的大银行、大工业、大商业收归国有，使之成为社会主义性质的国营经济；没收地主土地，分配给无地少地的农民；发展具有社会主义因素的合作经济；不允许操纵国计民生的资本主义经济发展。新民主义的文化，应当是无产阶级领导的人民大众的反帝反封建的文化，即共产主义思想为指导的民族的科学的大众的文化。在这种理论指导下，敌后抗日民主根据地成为了中国新民主主义社会的雏形，代表了中国以后的发展方向。它得到了根据地各阶层人民的拥护。

1943年，以蒋介石的名义发表的《中国之命运》，提出了国民党的政治主张。该书极力为国民党一党专政寻找历史依据，宣扬封建主义的思想和理论，把"四维八德"说成立国之纲，鼓吹一个党、一个主义、一个领袖，表现出强烈的封建法西斯主义。它还指责共产党和抗日根据地是"新式军阀"和"变相割据"；也指责西方民主制度，说人民要求自由民主是离经叛道，应予取缔。国民党不仅是这样说的，也是这样做的。这些理论和这些做法，受到国内各界民主人士的批评，也引起反法西斯盟国的不满。在国民党统治区内，反对独裁、要求民主的斗争从来没有停止过。

中国进步政治力量与落后政治力量之间的力量对比，正是在国共两党的上述矛盾与斗争中发生了变化。沿着中国抗日战争的两个战场及其运动这条主线来考察，共产党实行的是一条全面的抗战路线，是把民族战争和人民战争结为一体，是把打败侵略者和建设新中国作为同一个目标，代表了中华民族和中国人民的最高利益，因此它在军事上和政治上都得到了广大人民的热烈拥护，敌后战场也因之而得以开辟并成为中国抗日战争的主体战场，它所代表的进步力量也因之发展壮大。国民党实行的是一条片面抗战路线，是把民族战争和人民战争对立起来，是把打败侵略者和恢复旧中国统治秩序作为同一个目标，不能代表中华民族和中国人民的最高利益，因此它没有得到广大人民的热烈拥护，正面战场也因之在中国抗日战争中不能长久地占据主体地位，它所代表的落后力量也因之受到削弱。

再从实际结果来考察，中国社会政治力量对比的变化表现在两个方面。首先是物质力量的变化。在8年抗战中，中国共产党领导的人民军队，从抗战开始时的4万人，发展到抗战胜利时的100万人，民兵则发展到220万人，并且拥有1亿人口的根据地。其次是精神力量的变化。在8年抗战中，中国共产党领导的敌后战场不仅上升为中国抗战的主体战场，而且它坚持抗战反对妥协、坚持团结反对分裂、坚持进步反对倒退的主张和行动，是中国抗战坚持到最后胜利而没有半途而废的重要保障。这种中流砥柱的作用使共产党得到了包括国统区在内全国各阶层人民的真诚拥护。与国民党两相对照，人心向背发生了重大变化。

抗日战争是中国近代历史发展的一个根本转变，是近代以来中国第一次取得的对外战争的全局胜利。这个胜利，改变了中国历史发展的航向。抗日战争中，军事上和国内政治关系上同时并存着两个过程、两种演变：一个是日本的力量由强变弱，由军事胜利到最后的彻底失败；另一个是国内两大政治势力的力量对比发生了重大变化。前一个演变关系到中国亡不亡国、民族能否独立的问题，后一个演变关系到今后是新中国还是旧中国、中国能否打开通向现代化前途的问题。

这后一个演变，在抗战胜利后不过四年就实现了。国民党、蒋介石丧失了在中国大陆的统治能力，中华人民共和国成立，不仅宣布了中国已经解决了国家独立问题，而且开辟了中国通向现代化的前途，中国的历史新生了！

《中国史话》总目录

系列名	序号	书名	作者
物质文明系列（10种）	1	农业科技史话	李根蟠
	2	水利史话	郭松义
	3	蚕桑丝绸史话	刘克祥
	4	棉麻纺织史话	刘克祥
	5	火器史话	王育成
	6	造纸史话	张大伟　曹江红
	7	印刷史话	罗仲辉
	8	矿冶史话	唐际根
	9	医学史话	朱建平　黄　健
	10	计量史话	关增建
物化历史系列（28种）	11	长江史话	卫家雄　华林甫
	12	黄河史话	辛德勇
	13	运河史话	付崇兰
	14	长城史话	叶小燕
	15	城市史话	付崇兰
	16	七大古都史话	李遇春　陈良伟
	17	民居建筑史话	白云翔
	18	宫殿建筑史话	杨鸿勋
	19	故宫史话	姜舜源
	20	园林史话	杨鸿勋
	21	圆明园史话	吴伯娅
	22	石窟寺史话	常　青
	23	古塔史话	刘祚臣

系列名	序 号	书 名	作 者
物化历史系列（28种）	24	寺观史话	陈可畏
	25	陵寝史话	刘庆柱　李毓芳
	26	敦煌史话	杨宝玉
	27	孔庙史话	曲英杰
	28	甲骨文史话	张利军
	29	金文史话	杜　勇　周宝宏
	30	石器史话	李宗山
	31	石刻史话	赵　超
	32	古玉史话	卢兆荫
	33	青铜器史话	曹淑琴　殷玮璋
	34	简牍史话	王子今　赵宠亮
	35	陶瓷史话	谢端琚　马文宽
	36	玻璃器史话	安家瑶
	37	家具史话	李宗山
	38	文房四宝史话	李雪梅　安久亮
制度、名物与史事沿革系列（20种）	39	中国早期国家史话	王　和
	40	中华民族史话	陈琳国　陈　群
	41	官制史话	谢保成
	42	宰相史话	刘晖春
	43	监察史话	王　正
	44	科举史话	李尚英
	45	状元史话	宋元强
	46	学校史话	樊克政
	47	书院史话	樊克政
	48	赋役制度史话	徐东升
	49	军制史话	刘昭祥　王晓卫

系列名	序号	书名	作者
制度、名物与史事沿革系列（20种）	50	兵器史话	杨毅 杨泓
	51	名战史话	黄朴民
	52	屯田史话	张印栋
	53	商业史话	吴慧
	54	货币史话	刘精诚 李祖德
	55	宫廷政治史话	任士英
	56	变法史话	王子今
	57	和亲史话	宋超
	58	海疆开发史话	安京
交通与交流系列（13种）	59	丝绸之路史话	孟凡人
	60	海上丝路史话	杜瑜
	61	漕运史话	江太新 苏金玉
	62	驿道史话	王子今
	63	旅行史话	黄石林
	64	航海史话	王杰 李宝民 王莉
	65	交通工具史话	郑若葵
	66	中西交流史话	张国刚
	67	满汉文化交流史话	定宜庄
	68	汉藏文化交流史话	刘忠
	69	蒙藏文化交流史话	丁守璞 杨恩洪
	70	中日文化交流史话	冯佐哲
	71	中国阿拉伯文化交流史话	宋岘

系列名	序号	书名	作者
思想学术系列（21种）	72	文明起源史话	杜金鹏　焦天龙
	73	汉字史话	郭小武
	74	天文学史话	冯时
	75	地理学史话	杜瑜
	76	儒家史话	孙开泰
	77	法家史话	孙开泰
	78	兵家史话	王晓卫
	79	玄学史话	张齐明
	80	道教史话	王卡
	81	佛教史话	魏道儒
	82	中国基督教史话	王美秀
	83	民间信仰史话	侯杰　王小蕾
	84	训诂学史话	周信炎
	85	帛书史话	陈松长
	86	四书五经史话	黄鸿春
	87	史学史话	谢保成
	88	哲学史话	谷方
	89	方志史话	卫家雄
	90	考古学史话	朱乃诚
	91	物理学史话	王冰
	92	地图史话	朱玲玲
文学艺术系列（8种）	93	书法史话	朱守道
	94	绘画史话	李福顺
	95	诗歌史话	陶文鹏
	96	散文史话	郑永晓
	97	音韵史话	张惠英
	98	戏曲史话	王卫民
	99	小说史话	周中明　吴家荣
	100	杂技史话	崔乐泉

系列名	序号	书名	作者
社会风俗系列（13种）	101	宗族史话	冯尔康　阎爱民
	102	家庭史话	张国刚
	103	婚姻史话	张　涛　项永琴
	104	礼俗史话	王贵民
	105	节俗史话	韩养民　郭兴文
	106	饮食史话	王仁湘
	107	饮茶史话	王仁湘　杨焕新
	108	饮酒史话	袁立泽
	109	服饰史话	赵连赏
	110	体育史话	崔乐泉
	111	养生史话	罗时铭
	112	收藏史话	李雪梅
	113	丧葬史话	张捷夫
近代政治史系列（28种）	114	鸦片战争史话	朱谐汉
	115	太平天国史话	张远鹏
	116	洋务运动史话	丁贤俊
	117	甲午战争史话	寇　伟
	118	戊戌维新运动史话	刘悦斌
	119	义和团史话	卞修跃
	120	辛亥革命史话	张海鹏　邓红洲
	121	五四运动史话	常丕军
	122	北洋政府史话	潘　荣　魏又行
	123	国民政府史话	郑则民
	124	十年内战史话	贾　维
	125	中华苏维埃史话	杨丽琼　刘　强
	126	西安事变史话	李义彬
	127	抗日战争史话	荣维木

系列名	序号	书名	作者	
近代政治史系列（28种）	128	陕甘宁边区政府史话	刘东社	刘全娥
	129	解放战争史话	朱宗震	汪朝光
	130	革命根据地史话	马洪武	王明生
	131	中国人民解放军史话	荣维木	
	132	宪政史话	徐辉琪	付建成
	133	工人运动史话	唐玉良	高爱娣
	134	农民运动史话	方之光	龚云
	135	青年运动史话	郭贵儒	
	136	妇女运动史话	刘红	刘光永
	137	土地改革史话	董志凯	陈廷煊
	138	买办史话	潘君祥	顾柏荣
	139	四大家族史话	江绍贞	
	140	汪伪政权史话	闻少华	
	141	伪满洲国史话	齐福霖	
近代经济生活系列（17种）	142	人口史话	姜涛	
	143	禁烟史话	王宏斌	
	144	海关史话	陈霞飞	蔡渭洲
	145	铁路史话	龚云	
	146	矿业史话	纪辛	
	147	航运史话	张后铨	
	148	邮政史话	修晓波	
	149	金融史话	陈争平	
	150	通货膨胀史话	郑起东	
	151	外债史话	陈争平	
	152	商会史话	虞和平	
	153	农业改进史话	章楷	
	154	民族工业发展史话	徐建生	
	155	灾荒史话	刘仰东	夏明方
	156	流民史话	池子华	
	157	秘密社会史话	刘才赋	
	158	旗人史话	刘小萌	

系列名	序号	书 名	作 者	
近代中外关系系列（13种）	159	西洋器物传入中国史话	隋元芬	
	160	中外不平等条约史话	李育民	
	161	开埠史话	杜 语	
	162	教案史话	夏春涛	
	163	中英关系史话	孙 庆	
	164	中法关系史话	葛夫平	
	165	中德关系史话	杜继东	
	166	中日关系史话	王建朗	
	167	中美关系史话	陶文钊	
	168	中俄关系史话	薛衔天	
	169	中苏关系史话	黄纪莲	
	170	华侨史话	陈 民 任贵祥	
	171	华工史话	董丛林	
近代精神文化系列（18种）	172	政治思想史话	朱志敏	
	173	伦理道德史话	马 勇	
	174	启蒙思潮史话	彭平一	
	175	三民主义史话	贺 渊	
	176	社会主义思潮史话	张 武 张艳国 喻承久	
	177	无政府主义思潮史话	汤庭芬	
	178	教育史话	朱从兵	
	179	大学史话	金以林	
	180	留学史话	刘志强 张学继	
	181	法制史话	李 力	
	182	报刊史话	李仲明	
	183	出版史话	刘俐娜	

系列名	序号	书名	作者
近代精神文化系列（18种）	184	科学技术史话	姜　超
	185	翻译史话	王晓丹
	186	美术史话	龚产兴
	187	音乐史话	梁茂春
	188	电影史话	孙立峰
	189	话剧史话	梁淑安
近代区域文化系列（一种）	190	北京史话	果鸿孝
	191	上海史话	马学强　宋钻友
	192	天津史话	罗澍伟
	193	广州史话	张　苹　张　磊
	194	武汉史话	皮明麻　郑自来
	195	重庆史话	隗瀛涛　沈松平
	196	新疆史话	王建民
	197	西藏史话	徐志民
	198	香港史话	刘蜀永
	199	澳门史话	邓开颂　陆晓敏　杨仁飞
	200	台湾史话	程朝云

《中国史话》主要编辑
出版发行人

总 策 划　谢寿光　　王　正
执行策划　杨　群　　徐思彦　　宋月华
　　　　　　梁艳玲　　刘晖春　　张国春
统　　筹　黄　丹　　宋淑洁
设计总监　孙元明
市场推广　蔡继辉　　刘德顺　　李丽丽
责任印制　岳　阳